Otteita arvioinneista, jotka koskevat Paramahansa Yoganandan kokonaistulkintaa Jeesuksen opetuksista:

The Second Coming of Christ:
The Resurrection of the Christ Within You
(julkaissut Self-Realization Fellowship, 2004)

"Teos tarjoaa hämmästyttäviä ajatuksia Jeesuksen opetusten syvällisestä merkityksestä ja niiden olennaisesta yhteensopivuudesta joogan kanssa – joogan, joka on maailman vanhimpia ja järjestelmällisimpiä Jumala-yhteyteen johtavia hengellisiä teitä. – – Vertailevan uskontotieteen tutkijat ovat ylistäneet teosta uraauurtavaksi." — *Los Angeles Times*

"Hengellisen oivalluksen mestariteos. – – Yoganandan Jeesuksen elämää ja taustaa koskeva teos osoittaa, että evankeliumit sisältävät yleismaailmallista esoteerista sanomaa, jonka perusteellista ja selkeää esittämistä on odotettu apostolisista ajoista lähtien. Yoganandan tulkinta paljastaa sen, mikä on ollut salattua, hämärää ja läpinäkymätöntä." — *Yoga International*

"Paramahansa Yoganandan teoksen *The Second Coming of Christ* julkaiseminen on käänteentekevä tapaus. – – Yleispätevyyden ja syvyyden ylevä kuvaus. Se ei ole mikään tavallinen teos." — *Dayton Daily News*

"Merkittävä uusi kaksiosainen teos – – *The Second Coming of Christ: The Resurrection of the Christ Within You* sisältää oivalluksia, jotka auttavat kristittyjä näkemään uskonsa tuoreella tavalla." — *Kansas City Star*

"Maailmassa, joka on täynnä vihaa, väkivaltaa, suuttumusta ja pimeyttä, Paramahansa Yoganandan teoksen *The Second Coming of Christ: The Resurrection of the Christ Within You* julkaiseminen vastaa aikamme tarpeeseen." — *India Post*

"Yogananda karsii pois eripuran ja dogmaattiset näkemykset, joita on kertynyt Jeesuksen opetusten ympärille, ja vakuuttaa, että jokaisen ihmisen – mihin uskonnolliseen traditioon hän kuuluukin – on mahdollista omata samanlainen suhde Jumalaan kuin Jeesuksella oli." — *Sacred Pathways*

"Paramahansa Yogananda osoittaa evankeliumeihin kätkeytyvän Itse-oivalluksen universaalin totuuden, joka on tärkeä kaikille ja joka auttaa kaikkia uskontoja löytämään yhteisyyttä korkeasta, uskontokuntien rajat ylittävästä tietoisuudesta. Teos voi muuttaa ihmiskuntaa tänä maailmanlaajuisen kriisin aikana, jos sitä tutkitaan ja seurataan vilpittömästi." — Tri David Frawley, johtaja, American Institute of Vedic Studies

"Tämä oivaltava tulkinta – – henkii sitä samaa sydämen viisautta ja lempeää kauneutta, jota löydämme *Joogin omaelämäkerrasta*. Jos olet jostain syystä menettänyt yhteyden Jeesuksen sanomaan, Yogananda on ihanteellinen toveri, joka herättää sinut sen merkitykseen ja ylevyyteen." — *Adyar Booknews* (Australia)

Paramahansa Yogananda (1893 – 1952)

JEESUKSEN JOOGA

Evankeliumien kätkettyjen
opetusten ymmärtäminen

Valikoituja kohtia
Paramahansa Yoganandan
kirjoituksista

"*Katso, Jumalan valtakunta on sisällisesti teissä.*"

Englanninkielinen alkuteos:
The Yoga of Jesus: Understanding the Hidden Teachings of the Gospels,
julkaissut Self-Realization Fellowship, Los Angeles, Kalifornia

ISBN-13: 978-0-87612-556-4
ISBN-10: 0-87612-556-9

Suomentanut Self-Realization Fellowship
Copyright © 2016 Self-Realization Fellowship

Kaikki oikeudet pidätetään. Lukuun ottamatta lyhyitä, kirja-arvioinneissa käytettäviä lainauksia mitään osaa kirjasta *Jeesuksen jooga – Evankeliumien kätkettyjen opetusten ymmärtäminen* (*The Yoga of Jesus: Understanding the Hidden Teachings of the Gospels*) ei saa jäljentää, varastoida, välittää tai esittää missään muodossa eikä millään nykyään tunnetulla tai myöhemmin käyttöön otettavalla menetelmällä (sähköisesti, mekaanisesti tai muuten) – mukaan lukien valokopiointi, äänittäminen, tietojen tallennus- ja tulostusmenetelmät – ilman ennalta pyydettyä lupaa osoitteesta: Self-Realization Fellowship, 3880 San Rafael Avenue, Los Angeles, California 90065–3219, U.S.A.

 Self-Realization Fellowship -järjestön kansainvälisen julkaisuneuvoston hyväksymä

Self-Realization Fellowship -nimi ja yllä nähtävä tunnus esiintyvät kaikissa SRF:n kirjoissa, äänitteissä ja muissa julkaisuissa varmistamassa, että ne ovat Paramahansa Yoganandan perustaman järjestön tuottamia ja seuraavat uskollisesti hänen opetuksiaan.

Ensimmäinen suomenkielinen *Self-Realization Fellowshipin*
tuottama painos, 2016
First edition in Finnish from Self-Realization Fellowship, 2016

Tämä painatus: 2016
This printing: 2016

ISBN-13: 978-0-87612-638-7
ISBN-10: 0-87612-638-7

1758-J3413

Sisällys

Esipuhe vii

I osa: Jeesus Kristus – avataara ja joogi

1. Avataara Jeesus 3
   Jumalan ilmentyminen jumalallisissa inkarnaatioissa • Universaali Kristus-tietoisuus • "Toisen tulemisen" todellinen merkitys

2. Jeesus ja jooga 12
   Jeesuksen Intian vuodet • Evankeliumien kadonneet opetukset • Jooga: uskonnon universaali tiede

3. Joogi Jeesuksen sisäisiä opetuksia 23
   Kuinka jokainen sielu voi saavuttaa Kristus-tietoisuuden • Puolustajan eli Pyhän Hengen tärkeys • Jooga ja Ilmestyskirja • Todellinen henkikaste

II osa: "Yksi tie" vai universaalisuus?

4. "Toinen syntymä": sielun välittömän tiedon herääminen 45
   Jeesuksen opetukset "uudestisyntymisestä" • Sielun jumalallisten mahdollisuuksien ilmentäminen • Eteneminen materiatietoisuudesta henkelliseen tietoisuuteen

5. "Ihmisen Pojan ylentäminen" jumalalliseen tietoisuuteen 56
   Jumalan luomistyön taivaalliset suunnitelmat • Kundalinin esoteerinen tiede eli selkärangan "käärmevoima"

6. "Hänen nimeensä uskomisen" ja pelastuksen todellinen merkitys. . 65
   Onko Jeesus ainoa pelastaja? • Dogmi ja väärinymmärrys laitostuneessa "kirkkokuntaisuudessa" • Sokea usko vastaan henkilökohtainen totuuden oivaltaminen

III Osa: Jeesuksen jumalallisen rakkauden jooga

7. Autuaita ovat 79
   Kuinka ihmisen elämä tulee siunatuksi ja täytetyksi taivaallisella autuudella

8. Jumalallinen rakkaus – uskonnon ja elämän korkein päämäärä. . . 96
   Kaksi suurinta käskyä: Jumalan rakastaminen ensin ja kaikissa olevan Jumalan läsnäolon palveleminen

9. "Jumalan valtakunta on sisällisesti teissä" 106
   Jeesuksen sanoman ydin: Taivaallisen Isän autuas valtakunta ja menetelmä sen saavuttamiseksi

Kirjoittajasta 121

Sanasto 134

Esipuhe

- *Opettiko Jeesus idän muinaisten viisaiden ja mestareiden tavoin, että meditaatio on tie, joka johtaa sisälle "taivasten valtakuntaan"?*

- *Oliko olemassa "kätkettyjä opetuksia", jotka oli annettu hänen lähimmille opetuslapsilleen ja jotka ovat olleet kadoksissa tai jotka on pidetty salassa kautta vuosisatojen?*

- *Opettiko hän todella niin, että kaikki ei-kristityt on suljettu Jumalan valtakunnan ulkopuolelle? Entä luotaako evankeliumien kirjaimellinen tulkinta oikein hänen ihmiskunnalle antamansa käänteentekevän sanoman syvyyksiä?*

Paramahansa Yogananda vastaa näihin ja muihin kysymyksiin kunnioittavasti ymmärtäen ja ennennäkemättömän oivaltavasti teoksessaan *The Second Coming of Christ: The Resurrection of the Christ Within You* (*Kristuksen toinen tuleminen – Kristuksen ylösnousemus meissä*). Hänen johtopäätöksensä ovat huomattavan yhdensuuntaisia nykyisten uskonnontutkijoiden käynnissä olevien hankkeiden kanssa, jotka käsittelevät alkukristittyjen syvällisiä esoteerisia ja kokemusperäisiä ulottuvuuksia sellaisina kuin "gnostilaiset evankeliumit" ja muut nyttemmin löydetyt mutta toiselta ja kolmannelta vuosisadalta lähtien kadoksissa olleet käsikirjoitukset ne meille paljastavat.

Paramahansa Yogananda tunnetaan "länsimaiden joogan isänä" ja yhtenä aikamme huomattavimmista hengellisistä hahmoista. *The Second Coming of Christ* on monumentaalinen teos "Jeesuksen alkuperäisistä opetuksista". Se julkaistiin vuonna 2004 kahtena laajana osana (yhteensä yli 1700 sivua). Kirjan 75 tutkielmaa kuljettavat lukijaa jae jakeelta neljän evankeliumin läpi. Teos tarjoaa syvällistä pohdintaa Jeesuksen sanojen todellisesta merkityksestä. Se osoittaa, että nuo sanat ovat täysin ymmärrettävissä vain kun niitä tarkastellaan niiden alkuperäisen tarkoituksen valossa: polkuna suoraan, henkilökohtaiseen kokemukseen siitä Jumalan valtakunnasta, joka on "sisällisesti teissä".

Kertoessaan tämän uraauurtavan teoksen ilmestymisestä *Los Angeles Times* kirjoitti (11. joulukuuta 2004): "*The Second Coming of Christ: The Resurrection of the Christ Within You* tarjoaa hämmästyttäviä ajatuksia Jeesuksen opetusten syvällisestä merkityksestä ja niiden olennaisesta yhteensopivuudesta joogan kanssa – joogan, joka on maailman vanhimpia ja järjestelmällisimpiä Jumala-yhteyteen johtavia hengellisiä teitä. – – Kirja pyrkii jäljittämään ne tärkeät opetukset, jotka laitostunut kristillisyys on Yoganandan mukaan hukannut. Niihin kuului ajatus, että jokainen etsijä pystyy tuntemaan Jumalan välittömällä kokemisella joogameditaation avulla eikä pelkän uskon kautta."

Toisessa arviossa, joka ilmestyi *Sacred Pathways* -lehdessä (joulukuussa 2004), todettiin: "Yogananda karsii pois eripuran ja dogmaattiset näkemykset, joita on kertynyt Jeesuksen opetusten ympärille, ja vakuuttaa, että jokaisen ihmisen – mihin uskonnolliseen traditioon hän kuuluukin – on mahdollista omata samanlainen suhde Jumalaan kuin Jeesuksella oli. – – Hän jäsentelee ne Jumala-yhteyden menetelmät, jotka Jeesus ilmoitti läheisille opetuslapsilleen, mutta jotka olivat vuosisatoja hämärän peitossa. Hän selittää sellaisia aihealueita kuin Pyhä Henki, kaste, meditaatio, syntien anteeksianto, jälleensyntyminen, taivas ja helvetti sekä ylösnousemus. Näin tehdessään hän paljastaa Jeesuksen moraalisten ja esoteeristen opetusten perimmäisen yhteyden Intian muinaiseen tieteeseen, joka käsittää joogan, meditaation ja ykseyden saavuttamisen Jumalan kanssa."

Myös uskonnon, historian ja parantamisen saroilla työskentelevät asiantuntijat ovat ylistäneet teosta: "Tämä on harvinainen siltaa rakentava kirja; se voi tosiaan muuttaa sitä tapaa, jolla ihminen näkee hyvin tuntemakseen luulemansa hahmon", kirjoitti tri Robert Ellwood, Etelä-Kalifornian yliopiston uskonnon emeritusprofessori.

"Paramahansa Yoganandan *The Second Coming of Christ* on yksi tärkeimmistä olemassa olevista Jeesuksen opetusten analyyseistä", lausui lääketieteen tohtori Larry Dossey, tunnettu kirjailija ja holistisen lääketieteen kentän tutkija. "Monet Jeesuksen sanojen tulkinnat jakavat ihmisiä, kulttuureita ja kansoja. Tämä sen sijaan edistää yhteyttä ja parantumista, ja siksi se onkin niin elintärkeä nykypäivän maailmalle."

Yoga International -lehti (maaliskuu 2005) aloitti katsauksensa kirjaan näillä sanoilla: "Joogasta tuli maailmanlaajuista kahdennellakymmenennellä vuosisadalla. Nyt näyttää todennäköiseltä, että kristillisen opetuksen ja Intian muinaisen hengellisen tieteen välinen erottava kuilu saataisiin lopultakin luotua umpeen tällä 21. vuosisadalla. Paramahansa Yoganandan uusi kirja, *The Second Coming of Christ*, antaa tämän lupauksen väittämällä, että kahtiajako on ollut aina ulkokohtainen. Seuraukset läntisille joogan harjoittajille – ja yhteiskunnalle laajemminkin – ovat suunnattomat."

Käsillä oleva nide on tarkoitettu ensi silmäykseksi Paramahansa Yoganandan paljastavaan tulkintaan evankeliumien kätketystä joogasta. Tulkinta on esitetty paljon yksityiskohtaisemmin teoksessa *The Second Coming of Christ*.

Mitä jooga itse asiassa on?

Monet meistä ovat tottuneet etsimään täyttymystä itsemme ulkopuolelta. Elämme maailmassa, joka ehdollistaa meidät uskomaan, että ulkokohtaiset saavutukset antavat meille haluamamme. Silti kokemuksemme osoittavat yhä uudelleen, että mikään ulkonainen ei voi täysin tyydyttää syvää sisäistä kaipausta "johonkin enempään".

Enimmäkseen huomaamme kuitenkin pyrkivämme kohti sellaista, mikä näyttää aina olevan juuri tavoittamattomissamme. Olemme oppineet ennemminkin *tekemään* kuin *olemaan*, pikemminkin *toimimaan* kuin *tiedostamaan*. Meidän on vaikea kuvitella täydellisen tyyneyden ja levon tilaa, jossa ajatukset ja tunteet lakkaavat loputtomasti hypähtelemästä sinne tänne. Ja sittenkin me juuri sellaisen tyyneyden välityksellä yllämme ilon ja ymmärryksen tasolle, jota on mahdotonta muuten saavuttaa.

Raamatussa sanotaan: "Hiljentykää ja tietäkää, että minä olen Jumala." Näissä muutamissa sanoissa piilee avain joogatieteen ymmärtämiseen. Tämä ikivanha hengellinen tiede tarjoaa välittömän keinon tyynnyttää ajatusten luontainen pyörteily ja ruumiin levottomuus, jotka estävät meitä tuntemasta sitä, mitä me tosiasiassa olemme.

Tietoisuutemme ja energiamme ovat tavallisesti suuntautuneet ulospäin, tämän maailman asioihin, jotka havaitsemme viiden rajoittuneen aistimme avulla. Koska ihmisen päättelykyvyn on pakko luottaa fyysisten aistien kautta saatavaan, puolinaiseen ja usein petolliseen tietoon, meidän on opittava turvautumaan syvempiin ja hienompiin tietoisuuden tasoihin voidaksemme ratkaista elämän arvoitukset: *Kuka minä olen? Miksi olen täällä? Miten oivallan totuuden?*

Jooga on yksinkertainen menetelmä energian ja tietoisuuden tavallisesti ulospäin suuntautuvan virtauksen kääntämiseksi, niin että mielestä tulee välittömän oivaltamisen dynaaminen keskus. Silloin se ei enää ole riippuvainen erehtyvistä aisteista vaan pystyy todella kokemaan totuuden.

Harjoittamalla vaiheittaisia joogamenetelmiä – pitämättä mitään tunnesyistä tai sokean uskon vuoksi itsestään selvänä – pääsemme kokemaan ykseytemme Äärettömän Älyn, Voiman ja Ilon kanssa, mikä antaa kaikelle elämän ja on meidän oman Itsemme sisin olemus.[1]

Joogan korkeampia tekniikoita ymmärrettiin ja harjoitettiin vain vähän menneinä vuosisatoina, sillä ihmiskunnalla oli tuolloin rajallinen tietämys maailmankaikkeutta ylläpitävistä voimista. Mutta nykypäivänä tieteellinen tutkimus on nopeasti muuttamassa tapaa, jolla tarkastelemme itseämme ja maailmaa. Perinteinen materialistinen käsitys elämästä on kadonnut sen myötä kun havaittiin, että aine ja energia ovat olemukseltaan yhtä. Jokainen olemassa oleva massa on muutettavissa energian tyypiksi tai muodoksi, joka on vuorovaikutuksessa ja keskinäisessä yhteydessä muiden muotojen kanssa. Jotkut nykyiset maineikkaimmat fyysikot astuvat askelen pitemmälle ja tunnistavat tietoisuuden kaiken olevaisen pohjimmaiseksi perustaksi. Moderni tiede on siis vahvistamassa joogan muinaisia periaatteita, jotka julistavat, että ykseys on universumissa kaikenkattavaa.

---

[1] "Itse" on kirjoitettu isolla alkukirjaimella ilmaisemaan sielua, ihmisen todellista identiteettiä, vastakohtana egolle eli pseudosielulle, alemmalle itselle, johon ihminen väliaikaisesti samaistuu tietämättömänä todellisesta luonnostaan.

Esipuhe

Itse sana *jooga* merkitsee 'yhteen liittymistä': yksilön tietoisuuden tai sielun yhdistymistä universaaliin Tietoisuuteen eli Henkeen. Monet ihmiset pitävät joogaa vain fyysisinä harjoituksina – *asanoina* eli asentoina, jotka ovat saavuttaneet laajan suosion viime vuosikymmeninä – mutta nämä ovat itse asiassa vain kaikkein pinnallisin puoli tästä syvällekäyvästä tieteestä, joka johtaa ihmisen mielen ja sielun rajattomien mahdollisuuksien paljastumiseen.

Joogassa on erilaisia polkuja, jotka vievät kohti tätä päämäärää. Kukin niistä on yhtenäisen laajan järjestelmän erikoistunut haara:

Hatha-jooga — fyysisten asentojen eli *asanoiden* järjestelmä, jonka korkeampana tarkoituksena on puhdistaa keho antaen harjoittajalleen tietoisuuden ja hallinnan kehon sisäisistä tiloista ja tehden kehon sopivaksi meditointia varten.

Karma-jooga — pyyteetön toisten palveleminen kiinnittymättä toiminnan tuloksiin ja kokien toiset osana laajempaa Itseä, sekä kaikkien toimien suorittaminen tiedostaen, että Jumala on Tekijä.

Mantra-jooga — tietoisuuden keskittäminen sisäänpäin *japan* avulla eli toistamalla universaaleja kantasanaäänteitä, jotka edustavat jotain Hengen puolta.

Bhakti-jooga — täysin antautunut rakkaus, jonka avulla ihminen pyrkii kokemaan jumaluuden ja rakastamaan sitä jokaisessa luontokappaleessa ja kaikessa ylläpitäen täten lakkaamatonta palvontaa.

Jnana-jooga — viisauden polku, joka korostaa erittelevän ymmärryksen soveltamista hengellisen vapautumisen saavuttamiseksi.

Raja-jooga — joogan kuninkaallinen eli korkein tie, josta intialainen viisas Patanjali laati järjestelmän toisella vuosisadalla eKr. Siihen yhdistyy myös kaikkien muiden polkujen olennaiset piirteet.

Raja-joogan järjestelmä tasapainottaa ja yhdistää nämä erilaiset lähestymistavat. Sen keskiössä on tieteellisten meditaatiomenetelmien harjoittaminen, mikä tekee ihmisen kykeneväksi jo aivan ensi yrityksistä alkaen kokemaan välähdyksiä lopullisesta päämäärästä: tietoisesta yhdistymisestä ehtymättömän autuaalliseen Henkeen.

Nopeimman ja tehokkaimman lähestymistavan joogan tavoitteeseen tarjoavat ne meditaatiomenetelmät, jotka käsittelevät suoraan energiaa ja tietoisuutta. Tällainen suora reitti on luonteenomainen *kriya*-joogalle,[2] Paramahansa Yoganandan opettamalle erityiselle *raja*-joogameditaation muodolle.

Intian rakastetuin joogakirjoitus on *Bhagavadgita*, syvällinen tutkielma Jumala-yhteydestä ja ajaton ohje elämän onnellisuuteen ja tasapainoiseen menestymiseen. Jeesus tunsi saman universaalin jumaloivalluksen tieteen ja samat hengellisen elämän ohjeet. Tämän asian Paramahansa Yogananda on paljastanut maailmalle, kuten käy ilmi käsillä olevan kirjan sivuilta.[3]

Tällainen lyhyt kirja voi luoda vain johdattelevan silmäyksen syvälliseen ja innoittavaan yhteyteen Jeesuksen Kristuksen ja joogan opetusten välillä. Ne lukijat, joita tämä poimintojen valikoima innoittaa, löytävät runsaasti lisää yksityiskohtia ja käytännön opetusta päivittäiseen elämään *The Second Coming of Christ* -teoksen kahdesta niteestä. Paramahansa Yogananda kirjoittaa teoksen johdannossa:

"Näillä sivuilla esitän maailmalle intuitiivisesti oivallettuja hengellisiä tulkintoja Jeesuksen sanoista; ne ovat totuuksia, jotka on vastaanotettu todellisessa yhteydessä Kristus-tietoisuuteen. Ne tullaan ymmärtämään yleismaailmallisesti tosiksi, jos niitä tutkitaan tunnollisesti ja jos niitä meditoidaan heränneen sielun intuitiivisen oivalluskyvyn avulla. Ne paljastavat sen

---

[2] "*Kriya* on ikivanha tiede", Paramahansa Yogananda kirjoitti *Joogin omaelämäkerrassaan*. "Lahiri Mahasaya vastaanotti sen suurelta gurultaan Babajilta, joka toi tämän pimeinä vuosisatoina unohtuneen taidon jälleen päivänvaloon. Hän selkiytti sitä ja nimesi sen uudelleen yksinkertaisesti *kriya*-joogaksi.

"'Se *kriya*-jooga, jonka annan maailmalle sinun kauttasi tällä yhdeksännellätoista vuosisadalla', Babaji sanoi Lahiri Mahasayalle, 'elvyttää sen saman tekniikan, jonka Krishna antoi vuosituhansia sitten Arjunalle, ja jonka myöhemmin tunsivat niin Patanjali kuin Kristuskin sekä Johannes, Paavali ja muut opetuslapset.'"

[3] Pieni kirja *The Yoga of the Bhagavad Gita: An Introduction to India's Universal Science of God-Realization* (*Bhagavadgitan jooga – Johdatus Intian universaaliin Jumala-oivalluksen tieteeseen*) julkaistiin samanaikaisesti englanninkielisen alkuteoksen *The Yoga of Jesus* kanssa. Kyseinen kirja sisältää katkelmia Paramahansa Yoganandan tunnustusta saaneesta kaksiosaisesta teoksesta *God Talks With Arjuna: The Bhagavad Gita* (*Jumala puhuu Arjunan kanssa: Bhagavadgita*), jossa esitetään laajasti Bhagavadgitan opetuksia.

Esipuhe

täydellisen sopusoinnun, joka vallitsee kristittyjen Raamatun, Intian *Bhagavadgitan* ja kaikkien muiden ajan koettelemien todellisten pyhien kirjoitusten välillä.

"Maailman pelastajat eivät tule luoksemme lietsoakseen vahingollisia uskonopillisia erimielisyyksiä. Heidän opetuksiaan ei pitäisi käyttää sellaiseen päämäärään pyrkimiseen. Eräässä mielessä on jopa harhaanjohtavaa puhua Uudesta testamentista 'kristillisenä' Raamattuna, sillä se ei kuulu yksinoikeudella millekään uskontokunnalle. Totuuden on määrä olla siunaukseksi ja ylennykseksi koko ihmissuvulle. Kuten Kristus-tietoisuus on kaikkiallista, myös Jeesus Kristus kuuluu kaikille."

— *Self-Realization Fellowship*[4]

---

[4] Kirjaimellisesti 'Itse-oivalluksen yhteisö'. Paramahansa Yogananda on selittänyt, että nimi "Self-Realization Fellowship" merkitsee yhteyttä Jumalan kanssa Itse-oivalluksen avulla sekä ystävyyttä kaikkien totuutta etsivien sielujen kanssa. Katso myös kirjan lopusta sanastoa ja kohtaa "Self-Realization Fellowshipin päämäärät ja ihanteet".

Julkaisijan huomautus:

Tässä teoksessa käytetty suomenkielinen Raamattu on Vanhan testamentin osalta vuoden 1933 ja Uuden testamentin osalta vuoden 1938 kirkolliskokouksen käyttöön ottama suomennos. Niihin on tehty seuraavat pienet muutokset, jotta teksti olisi riittävän yhtäpitävä Paramahansa Yoganandan käyttämän englanninkielisen King James -raamatunkäännöksen kanssa. Jakeessa Ps. 46:11 (joka esiintyy vain esipuheessa ilman lähdeviitettä) sanan "heretkää" tilalla on sana "hiljentykää". Jakeissa Matt. 6:22 ja Luuk. 11:34 sana "terve" on muutettu sanaksi "yksi". Jakeessa Joh. 1:12 sana "lapsiksi" on korvattu sanalla "pojiksi". Nämä Uuden testamentin tekstikohtien muutokset on selvyyden vuoksi osoitettu vielä kyseisen jakeen loppuun lisätyllä tähdellä (*). Lisäksi jakeissa Joh. 1:23 ja Joh. 3:14 sanan "erämaa" sijasta käytetään sanaa "autiomaa".

Muut kirjassa esiintyvät lainaukset on käännetty englanninkielisestä alkuteoksessa *The Yoga of Jesus*. Kirjassa hakasulkujen sisällä esiintyvät tekstit ovat julkaisijan tekemiä selvennyksiä.

Kirjan loppuosassa on sanasto niitä lukijoita varten, joille joogan ja idän filosofian käsitteet ja termit ovat ehkä outoja.

Sanastosta löytyy useimpien sellaisten termien merkitykset, jotka ovat tärkeitä Paramahansa Yoganandan esittämän Jeesuksen opetusten tulkinnan kannalta. Näitä ovat Kristus-tietoisuus, Pyhä Henki, *Aum*, astraaliset ja kausaaliset maailmat sekä erilaiset joogatermit, joita käytetään kuvaamaan meditaation ja Jumala-oivalluksen kokemuksia.

I OSA

Jeesus Kristus — avataara ja joogi

"Uskotteko Kristuksen jumaluuteen?" muuan vierailija kysyi.

Paramahansa Yogananda vastasi: "Uskon. Puhun hyvin mielelläni hänestä, koska hän oli saavuttanut täydellisen Itse-oivalluksen. Mutta hän ei ollut ainoa Jumalan poika, eikä hän niin väittänytkään. Sen sijaan hän opetti selkeästi, että ne, jotka noudattavat Jumalan tahtoa, saavuttavat ykseyden Jumalan kanssa samoin kuin hän.

Eikö Jeesuksen tehtävä maan päällä ollutkin muistuttaa kaikkia ihmisiä, että Herra on heidän Taivaallinen Isänsä, ja osoittaa heille paluutie Hänen luokseen?"

— Paramahansa Yoganandan sanontoja

Luku 1

Avataara Jeesus

Jumalan ilmentyminen jumalallisissa inkarnaatioissa

Tavallisille kuolevaisille elämässä selviäminen tässä tutkimattomassa maailmankaikkeudessa sen kaikkine ratkaisemattomine mysteereineen olisi todella ylivoimainen haaste, elleivät jumalalliset lähettiläät tulisi maan päälle opastamaan heitä Jumalan äänellä ja arvovallalla.

Maailmankausia sitten, Intian muinaisina hengellisen suuruuden aikoina, *rishit* julistivat, että Jumala ilmaantuu keskuuteemme laupeutensa tähden jumalallisten inkarnaatioiden, avataarojen, muodossa – nämä ovat valaistuneita olentoja, joissa Jumala inkarnoituu maan päälle.– –

On ollut monia Jumalan tuntevia sieluja, jotka ovat olleet osittaisia inkarnaatioita, *khanda*-avataaroja. He ovat toimineet Jumalan ja ihmisten välittäjinä, opastavina ääninä. Harvinaisia ovat sen sijaan *purna*-avataarat, vapautuneet olennot, jotka ovat täysin yhtä Jumalan kanssa. Heidän paluunsa maan päälle merkitsee Jumalan antaman tehtävän täyttämistä.

Herra ilmoittaa hindujen pyhässä raamatussa, *Bhagavadgitassa*:

"Aina kun hyve heikkenee ja pahuus saa ylivallan, inkarnoidun avataarana. Ilmestyn ajasta aikaan näkyvässä muodossa suojellakseni hyveellisiä ja tuhotakseni pahuutta, niin että oikeamielisyys pääsee jälleen voitolle."

Sama loistava, ääretön Jumalan tietoisuus, universaali Kristus-tietoisuus, *Kutastha Chaitanya*, pukeutuu valaistuneen sielun yksilöllisyyteen; tuo sielu kantaa sellaista ylevää persoonallisuutta ja hurskasta luonnetta, että se sopii inkarnoitumisen aikakauteen ja tarkoitukseen.

Ilman tätä Jumalan rakkauden tuloa maan päälle avataaroissa, jotka toimivat esimerkkeinä, sanoman julistajina ja johdattajina, hapuilevan ihmissuvun olisi tuskin mahdollista löytää Jumalan valtakuntaan maailman harhan pimeästä myrkkysumusta, ihmisen kosmisesta elinpiiristä. Jotta Hänen tietämättömät lapsensa eivät jäisi ikuisesti kadoksiin luomakunnan eksyttäviin labyrintteihin, Herra tulee yhä uudelleen Jumalan valaisemissa profeetoissa näyttämään heille tietä. – –

Jeesuksen edellä kävi Gautama Buddha, "Valaistunut", jonka inkarnaatio muistutti unohduksen valtaan joutunutta sukupolvea *dharmachakrasta*, ainaisesti kiertävästä karman pyörästä: ihmisen oma toiminta ja sen seuraukset tekevät jokaisen vastuulliseksi omasta nykytilastaan, syy ei ole minkään kosmisen diktaattorin. Buddha palautti hengen kuivettuneeseen teologiaan ja mekaanisiin rituaaleihin, joihin Intian muinainen *veda*-uskonto oli vajonnut ylevän hengellisen vaiheen jälkeen. Tuona ylevänä kautena Intian rakastetuin avataara Bhagavan Krishna oli julistanut jumalallista rakkautta ja jumaloivallusta, joka voitiin saavuttaa harjoittamalla ylivertaista hengellistä tiedettä, joogaa, yhdistymistä Jumalaan.

❖ ❖ ❖

Jeesus tuli suorittamaan rakkauden tehtävää. Tämän jumalallisen väliintulon tarkoitus oli lievittää kosmisen syyn ja seurauksen (karman) lakia, jonka takia ihminen kärsii virheistään.– –

Jeesus tuli näyttämään todeksi Jumalan anteeksiannon ja myötätunnon: Jumalan rakkaus suojaa jopa lain vaatimuksilta.

❖ ❖ ❖

Sielujen Hyvä Paimen avasi sylinsä kaikille, ketään torjumatta. Jumalallisella rakkaudella hän houkutteli maailmaa seuraamaan häntä vapautuksen tiellä. Hänen henkensä esimerkki ilmensi uhrautumista, kieltäymystä, anteeksiantoa, rakkautta ystäviä ja yhtä lailla vihollisia kohtaan sekä ennen kaikkea suurinta rakkautta Jumalaa kohtaan.

Kristus eli Jeesuksessa ihmisten keskuudessa yhtenä heistä – ensin pienenä vauvana Betlehemin seimessä ja sitten pelastajana, joka paransi sairaat, herätti kuolleet ja siveli rakkauden palsamia erehdysten haavoihin – jotta hekin oppisivat elämään jumalten kaltaisina.

Kristus-tietoisuus: ykseys Jumalan äärettömän Intelligenssin ja koko luomakunnan täyttävän Autuuden kanssa

Käsittääkseen jumalallisen inkarnaation suuruuden on tarpeen ymmärtää avataaroissa inkarnoituneen tietoisuuden lähde ja luonne. Jeesus puhui tästä tietoisuudesta julistaessaan: "Minä ja Isä olemme yhtä" (Joh. 10:30) ja "minä olen Isässä, ja - - Isä on minussa" (Joh. 14:11). Ne, joiden tietoisuus on yhtä Jumalan tietoisuuden kanssa, tuntevat sekä Hengen transsendentin eli tuonpuoleisen että immanentin eli tämänpuoleisen Luonnon. Transsendentti on luomattoman Absoluutin ikuisesti olemassa olevaa, ikuisesti tietoista ja ikuisesti uutta Autuutta ja immanentti on Hänen Olemuksensa loputtomia ilmentymiä, joihin Hän on eriyttänyt Itsensä luomakunnan panoraamassa.

❖ ❖ ❖

Jeesuksen ja *Kristuksen* merkitysten välillä on huomattava ero. Hänelle oli annettu nimi Jeesus; häntä kunnioittava arvonimi oli "Kristus". Hänen Jeesukseksi kutsutussa, vähäisessä ihmisruumiissaan syntyi rajaton Kristus-tietoisuus, Jumalan kaikkitietävä Intelligenssi, joka on läsnä jokaisessa luomakunnan osassa ja hiukkasessa.

❖ ❖ ❖

Universumi ei ole tulosta pelkästään värähtelevien voimien ja atomia pienempien hiukkasten onnekkaasta yhdistymisestä, kuten materialistiset tiedemiehet esittävät. Heidän mukaansa se on kiinteän aineen, nesteiden ja kaasujen onnekas kasvama maaksi, valtameriksi, ilmakehäksi ja kasveiksi, kaikki tasapainoisessa keskinäisessä suhteessa, niin että se tarjoaa ihmisolennoille asumiskelpoisen kodin. Sokeat voimat eivät kuitenkaan voi järjestäytyä älykkäästi rakentuneiksi olioiksi. Kuten tarvitaan ihmisälyä kaatamaan vettä jääpalamuotin pieniin nelikulmaisiin osastoihin jäätymään jääpaloiksi, samoin näemme salatun, läsnä olevan Intelligenssin vaikutuksen värähtelyn kasvaessa yhteen asteittain kehittyviksi muodoiksi kautta universumin.

❖ ❖ ❖

Mikä voisi olla ihmeellisempää kuin Jumalallisen Intelligenssin ilmeinen läsnäolo luomakunnan jokaisessa hiukkasessa? Miten mahtava puu kehittyy pikkuruisesta siemenestä. Miten lukemattomat maailmat vyöryvät

Tiede löytää älykkään järjestyksen

"Tieteen kehittyminen on auttanut laajentamaan luonnonihmeiden piiriä, niin että olemme nykypäivänä löytäneet järjestystä atomin syvimmistä uumenista ja suurimmasta galaksien yhteenliittymästä", kirjoittaa tunnettu kirjailija ja matemaattisen fysiikan professori, fil. tri Paul Davies teoksessaan *Evidence of Purpose: Scientists Discover the Creator* (Continuum Publishing, New York 1994).

Systeemiteoreetikko Ervin Laszlo raportoi kirjassaan *The Whispering Pond: A Personal Guide to the Emerging Vision of Science* (Element Books, Boston 1999): "Fyysisen maailmankaikkeuden hienosäätö elämän parametreiksi käsittää joukon yhteensattumia, jos ne sitä ovat, – – joissa jopa olemassa olevien arvojen vähäinenkin muutos tietäisi elämän loppua, tai tarkemmin sanoen loisi olosuhteet, joiden vallitessa elämä ei olisi alun alkaenkaan kehittynyt. Jos neutroni ei olisi painanut enemmän kuin protoni atomin ytimessä, auringon ja muiden tähtien aktiivinen elinaika olisi kutistunut muutamaan sataan vuoteen. Jos elektronien ja protonien sähkövaraus ei olisi ollut täsmällisessä tasapainossa, kaikki aineelliset muodostumat olisivat epävakaita eikä maailmankaikkeudessa olisi mitään muuta kuin säteilyä ja suhteellisen tasainen kaasuseos. – – Jos se vahva voima, joka sitoo ytimien hiukkasia yhteen, olisi hitusenkin *heikompi* kuin mitä se on, deuteronia ei olisi olemassa eivätkä auringon kaltaiset tähdet loistaisi. Ja jos tuo voima olisi hiukankin *vahvempi* kuin mitä se on, aurinko ja muut toimivat tähdet paisuisivat ja ehkä räjähtäisivät. – – Neljän maailmankaikkeuden voiman [sähkömagneettisuuden, painovoiman sekä atomiytimen vahvojen ja heikkojen voimien] arvot olivat täsmälleen sellaiset, että elämä saattoi kehittyä kosmoksessa."

Professori Davies arvioi, että jos – kuten eräät tiedemiehet väittävät – maailmankaikkeuden sisäistä ohjaavaa älyä ei olisi ja kosmista evoluutiota hallitsisi vain tiukkojen mekaniikan peruslakien sattumanvarainen toiminta, "se aika, joka vaadittaisiin universumissa nyt tavattavan järjestyksen muodostumiseen, olisi pelkän satunnaisen kehityskulun varassa ainakin $10^{10^{80}}$ vuotta" – eli käsittämättömän paljon pitempi kuin maailmankaikkeuden nykyinen ikä. Viitaten näihin laskelmiin Lazlo huomauttaa kuivasti: "Näin harvinaisella sattumalla syntynyt järjestys ylittää uskottavuuden." Ja hän tekee johtopäätöksen: "Olisiko meidän sittenkin otettava varteen mahdollisuus, että universumi on tulosta kaikkivoivan mestarirakentajan tarkoituksellisesta suunnittelusta?" *(Julkaisijan huomautus)*

Avataara Jeesus

rajattomassa avaruudessa pysyen tarkoituksenmukaisessa kosmisessa tanssissaan universaalien voimien tarkan sääntelyn mukaisesti. Miten ihmeellisen monimutkainen ihmiskeho on luotu yksittäisestä mikroskooppisesta solusta; miten se on varustettu itsetajuisella älyllä ja on näkymättömän voiman ylläpitämä, parantama ja elävöittämä. Jumala tekee lakkaamatta ihmeitä tämän hämmästyttävän maailmankaikkeuden jokaisessa atomissa, mutta hidasälyinen ihminen pitää niitä itsestäänselvyyksinä.

Kristus on Jumalan ääretön Intelligenssi, joka on läsnä koko luomakunnassa. Ääretön Kristus on Isän Jumalan "ainosyntyinen Poika", Hengen ainut puhdas heijastuma luodussa maailmassa. Tämä Universaali Intelligenssi, *Kutastha Chaitanya* eli hindulaisten kirjoitusten Krishna-tietoisuus, ilmentyi täysin Jeesuksen, Krishnan ja muiden jumalallisten inkarnaatioissa, ja se voi ilmentyä myös sinun tietoisuudessasi.

❖ ❖ ❖

Kuvittelepa tätä! Jos eläisit koko elämäsi ainoastaan yhdessä huoneessa eikä sinulla olisi mitään yhteyttä näiden seinien ulkopuolella olevaan eikä tietoa siitä, voisit sanoa, että tämä on maailmankaikkeutesi. Mutta jos olisi joku, joka veisi sinut ulkopuoliseen maailmaan, tajuaisit, kuinka äärettömän pieni "maailmasi" oli. Näin on myös Kristus-tietoisuuden oivaltamisen laita. Kuolevaisen tietoisuuden ulottuvuus on verrattavissa vain pikkiriikkisen sinapinsiemenen havaitsemiseen ja koko lopun maailmankaikkeuden havaitsematta jättämiseen. Kristus-tietoisuus on Kaikkiallinen Läsnäolevuus: Herra, joka on levittäytynyt loputtoman avaruuden jokaiseen huokoseen ja kyllästänyt jokaisen atomin. [1]

❖ ❖ ❖

Muurahaisen tietoisuus rajoittuu sen oman pikku kehon tuntemuksiin. Elefantin tietoisuus ulottuu kautta sen valtavan kehon, joten kymmenen sen kehon eri kohtia koskettavaa ihmistä voisivat herättää siinä samanaikaisen

---

[1] Katso myös s. 26. Luomakunnan vastavoima, joka synnyttää ristiriitaa, sairautta, erottautumista ja tietämättömyyttä, on henkilöity Raamatussa Saatanaksi. Joogafilosofiassa tätä eksyttävää voimaa kutsutaan *mayaksi* eli *Apara-Prakritiksi*. Laajempi selitys löytyy Paramahansa Yoganandan teoksesta *The Second Coming of Christ: The Resurrection of the Christ Within You (Kristuksen toinen tuleminen: Kristuksen ylösnousemus meissä)*.

kokemuksen. Kristus-tietoisuus – – ulottuu kaikkien värähtelevien alueiden rajoille saakka.

Värähtelevän luomakunnan kokonaisuus on Hengen ulkoinen muoto. Kaikkialla läsnä oleva Henki kätkeytyy värähtelevään aineeseen, kuten öljy on kätkössä oliivin sisällä. Kun oliivia puserretaan, pieniä öljypisaroita ilmaantuu sen pinnalle. Samoin Henki kehityksen kuluessa nousee yksittäisinä sieluina esiin aineesta. Henki ilmaisee itsensä kauneutena ja magneettisena ja kemiallisena voimana mineraaleissa ja jalokivissä, kauneutena ja elämänä kasveissa, kauneutena, elämänä, voimana, liikkeenä ja tietoisuutena eläimissä, ymmärryksenä ja avartavana voimana ihmisessä ja palaa taas Kaikkiallisuuteen täysin valaistuneessa ihmisessä.[2]

Kukin kehitysvaihe osoittaa tällä tavoin yhä suurempaa Hengen täyteyttä. Eläin on vapaa mineraalien vitkasta ja kasvien kiinnittymisestä maahan ja voi kokea liikkumisen ja tuntevan tietoisuuden avulla enemmän Jumalan luomakuntaa. Ihminen käsittää itsetajuisena lisäksi kumppaneittensa ajatukset ja voi suunnata aistimuksellisen mielensä tähtien kirjomaan avaruuteen, ainakin mielikuvituksensa avulla.

Täysin valaistunut ihminen laajentaa elämänenergiansa ja tietoisuutensa kehostaan kaikkialle avaruuteen kokien suunnattoman kosmoksen universumien läsnäolon itsessään, samoin kuin maan jokaisen pikkuruisen atomin läsnäolon. Täysin valaistuneessa ihmisessä se Hengen kadotettu kaikkiallisuus, joka oli sidottu sieluun yksilöllistyneenä henkenä, saavutetaan takaisin. – –

Jeesuksen tietoisuus oli siirtynyt kehon puitteista koko äärellisen, ilmenevän ja värähtelevän luomakunnan rajoille asti; se ulottui tilan ja ajan sfääreihin, jotka käsittävät planeettojen universumin, tähdet, linnunradan sekä meidän pienen aurinkoperheemme. Aurinkokuntamme yhtenä osana on maapallo ja maapallolla Jeesuksen fyysinen ruumis oli vain hitunen. Jeesus-ihmisestä, maapallon vähäisestä hiukkasesta, tuli Jeesus Kristus, jonka tietoisuus läpäisi kaiken, koska se oli yhtä Kristus-tietoisuuden kanssa.

---

[2] Näihin viiteen kehitysvaiheeseen viitataan joogafilosofiassa sanalla *kosha*, 'suojus'. Ne ilmenevät asteittain, kun luomus kehittyy elottomasta aineesta takaisin puhtaaksi Hengeksi. Ks. *God Talks With Arjuna: The Bhagavad Gita*, alkaen s. 63, kommentaari kohdassa I:4–6. *(Julkaisijan huomautus)*

Avataara Jeesus

Jeesuksen tärkein opetus: kuinka tullaan Kristuksen kaltaiseksi

Jumalan työnä luomakunnassa on kaikkien olentojen vetäminen takaisin tietoiseen yhteyteen Hänen kanssaan Kristus-Intelligenssin avulla, joka toimii kehitystä eteenpäin vievänä. – – Kun maailmassa on laajamittaista kärsimystä, Jumala vastaa palvojiensa sielunkutsuun lähettämällä jumalallisen pojan, joka ilmentää esimerkillisellä elämällään Kristus-tietoisuutta ja opettaa ihmisiä toimimaan elämässään yhteistyössä Hänen pelastustyönsä kanssa.

❖ ❖ ❖

Pyhä Johannes puhui juuri tuosta Äärettömästä Tietoisuudesta käsin, joka on kyllästetty Jumalan rakkaudella ja autuudella, kun hän sanoi: "Mutta kaikille, jotka ottivat hänet [Kristus-tietoisuuden] vastaan, hän antoi voiman tulla Jumalan pojiksi."* Tämän Jeesuksen oman opetuksen on merkinnyt muistiin Johannes, hänen korkeimmalle edennyt apostolinsa. Sen mukaan siis kaikkia sieluja, jotka tulevat yhdistetyiksi Kristus-tietoisuuteen intuitiivisella Itse-oivalluksella, kutsutaan oikeutetusti Jumalan pojiksi.

❖ ❖ ❖

Kristuksen vastaanottaminen ei toteudu vain kirkon jäsenyydellä eikä liioin ulkonaisella muotomenolla, jolla tunnustetaan Jeesus pelastajaksi mutta ei koskaan todella tunneta häntä olemalla yhteydessä häneen meditaation avulla. Kristuksen tunteminen merkitsee silmien sulkemista, tietoisuuden laajentamista ja sitä kautta keskittyneisyyden syventämistä, niin että ihminen sielun intuition sisäisellä valolla osallistuu siihen samaan tietoisuuteen, joka Jeesuksella oli.

Pyhä Johannes ja muut Jeesuksen pitkälle edenneet opetuslapset todella "ottivat hänet vastaan". He kokivat hänet Kristus-tietoisuutena, joka on läsnä jokaisessa avaruuden hiukkasessa. Todellinen kristitty – Kristuksen kaltainen – on se, joka vapauttaa sielunsa kehon tietoisuudesta ja yhdistää sen koko luomakunnan täyttävään Kristus-Intelligenssiin.

❖ ❖ ❖

Samalla tavoin ihmisen tietoisuuden malja, jota fyysiset ja mentaaliset vaikutukset rajoittavat, ei pysty käsittämään universaalia Kristus-tietoisuutta, vaikka ihminen tätä kuinka palavasti haluaisi. Meditaation täsmällisen tieteen avulla, jonka Intian joogit ja viisaat ovat tunteneet jo vuosituhansien ajan ja jonka myös Jeesus tunsi, jokainen Jumalan etsijä voi laajentaa tietoisuutensa kaikkitietäväksi vastaanottaakseen sisäisesti Jumalan universaalin Intelligenssin.

❖ ❖ ❖

Kristuksen oivaltamisen jumalallinen voima on sisäinen kokemus. Se voidaan vastaanottaa aidolla Jumalan ja Hänen puhtaan heijastumansa, Kristuksen, rakastamisella. Kirkon ja temppelin valta on katoavaista. Todellinen hengellisyys on tuleva niiden suurten sielujen temppeleistä, jotka ovat päivin ja öin Jumalan hurmiossa. Sellaiset sielut, joita olen nähnyt Intiassa, ylittävät kaikkien temppeleiden loiston. Muistakaamme, että Kristus etsii todellisten sielujen temppeleitä. Hän rakastaa sydämesi hiljaista antaumuksen pyhäkköä, jossa asustat hänen kanssaan ja jossa rakkautesi alttarikynttilä loistaa. Antautuneesti meditoivat vastaanottavat Kristuksen oman tajuntansa seesteisellä alttarilla.

❖ ❖ ❖

Antaessani tälle teokselle nimen *The Second Coming of Christ* (*Kristuksen toinen tuleminen*)[3] en viittaa Jeesuksen kirjaimelliseen tulemiseen maan päälle. Hän tuli kaksi tuhatta vuotta sitten, ja kun hän oli opettanut universaalin tien Jumalan valtakuntaan, hänet ristiinnaulittiin ja hän nousi kuolleista. Hänen uusi näyttäytymisensä kansanjoukoille ei ole nyt tarpeellista hänen opetustensa täyttymistä ajatellen. Sen sijaan *on* välttämätöntä, että Jeesuksen kosminen viisaus ja jumalallinen oivallus puhuvat uudelleen kunkin omassa äärettömän Kristus-tietoisuuden kokemisessa ja tajuamisessa – siinä Kristus-tietoisuudessa, joka oli inkarnoitunut Jeesuksessa. Tämä on oleva hänen todellinen toinen tulemisensa.

❖ ❖ ❖

Todellisia Kristuksen seuraajia ovat ne, jotka omassa tietoisuudessaan ottavat meditaation avulla haltioituneina vastaan Jeesuksen Kristuksen

---

[3] Paramahansa Yoganandan laajempi teos, josta *Jeesuksen joogan* aineisto on poimittu.

kaikkialla läsnä olevan kosmisen viisauden ja autuuden. – – Kilvoittelijoiden, jotka haluavat olla todellisia kristittyjä eivätkä vain kristillisen kirkkokunnan jäseniä, täytyy tuntea ja todella kokea kaikkiallisen Kristuksen läsnäolo kokoaikaisesti. Heidän tulee olla hurmioituneessa yhteydessä Häneen ja antautua Hänen äärettömän viisautensa johdatettaviksi.

Nämä opetukset on lähetetty selittämään totuutta sellaisena kuin Jeesus tarkoitti sen tulevan tunnetuksi maailmalle – ei antamaan uutta kristinuskoa, vaan antamaan todellista Kristuksen opetusta: kuinka tulla Kristuksen kaltaiseksi ja kuinka herättää oman Itsen sisällä ikuinen Kristus.

Luku 2

Jeesus ja jooga

Avataarojen välittämän Jumalan sanan jatkuvuutta symboloi kauniisti hengellinen kanssakäyminen vastasyntyneen Jeesuksen ja niiden Intian viisaiden välillä, jotka tulivat kunnioittamaan hänen ruumiillistumaansa.

❖ ❖ ❖

Nuo idän viisaat miehet, jotka matkasivat Jeesus-lapsen luo Beetlehemiin, olivat tosiasiassa Intian viisaita. Intiassa on tästä varsin vahva perimätieto, joka tunnettiin ja jota kunnioitettiin ylevien metafyysikoiden piirissä. Muinaiset käsikirjoitukset sisältävät tästä hyvin kerrottuja ja kirjoitettuja tarinoita. Eivätkä vain Intian viisaat tulleet Jeesuksen luo, vaan myös hän teki vastavierailun Intiaan.

Jeesus matkasi Intiaan elämänsä niinä vuosina, joista ei ole kerrottu: Raamattu vaikenee hänestä noin neljästätoista kolmeenkymmeneen ikävuoteen. Luultavasti hän matkusti tunnettua ja vakiintunutta kauppareittiä, joka yhdisti Välimeren alueen Kiinaan ja Intiaan.

Hänen oma jumaloivalluksensa heräsi uudelleen ja vahvistui Intian opettajien seurassa ja hengellisessä ilmapiirissä luoden sen totuuden universaalin perustan, jolta käsin hän saattoi julistaa sanomaansa. Tätä hän opetti yksinkertaisella tavalla ja avoimesti niin, että se oli hänen synnyinmaansa kansanjoukkojen ymmärrettävissä, mutta samalla niin, että tulevat sukupolvet arvostaisivat opetuksen perimmäisiä merkityksiä, kunhan nuoruusasteella oleva ihmismieli varttuisi ymmärryksessä.

Jeesuksen "kadonneet vuodet"

Hiljaisuuden verho laskeutuu Jeesuksen elämän ylle Uudessa testamentissa hänen täytettyään kaksitoista vuotta. Tuo verho nousee vasta kahdeksantoista vuotta myöhemmin, jolloin hän vastaanottaa kasteen Johannekselta ja alkaa saarnata suurille joukoille. Meille kerrotaan ainoastaan:

Intia: Uskonnon äiti

Runsaasti todisteita Intian hengellisen kulttuurin johtoasemasta muinaisen maailman aikaan esitetään fil. tri Georg Feuersteinin, fil. tri Subhash Kakin ja itämaisen lääketieteen tohtori David Frawleyn teoksessa *In Search of the Cradle of Civilization: New Light on Ancient India* (Quest Books, Wheaton, Ill. 1995): "Vanha sanonta *ex oriente lux* ('valo tulee idästä') ei ole mikään kulunut latteus, sillä sivistyksen soihtu, erityisesti ikuisen viisauden keskeinen pyhä perinne, on ojennettu perintönä itäiseltä pallonpuoliskolta. – – Lähi-idässä syntyneet ja sivilisaatiollemme sen nykyistä muotoa luoneet juutalaisuus ja kristinusko saivat vaikutteita ajatuksista, jotka ovat peräisin itäisemmistä maista, varsinkin Intiasta."

Intian kirjoitukset "ovat ihmiskunnan vanhinta yhä olemassa olevaa filosofiaa ja psykologiaa", sanoo maineikas historioitsija Will Durant teoksessaan *Our Oriental Heritage (The Story of Civilization*, osa I). Oslon yliopiston historian ja filosofian professori Robert C. Priddy kirjoitti teoksessaan *On India's Ancient Past* (1999) seuraavasti: "Intian menneisyys on niin ikivanha ja se on vaikuttanut niin voimakkaasti sivilisaation ja uskonnon syntyyn – ainakin lähes jokaisen Vanhan maailman uskonnon syntyyn – että useimmat voisivat todeta sen itse asiassa olevan varhaisin osa omaa odysseiaamme. – – Uskonnon äidin vedalaisen perinteen mukaiset, maailman vanhimmat hengelliset opetukset sisältävät filosofioiden jaloimpia ja kaikenkattavaa perintöä."

Historioitsija D. P. Singhal kokoaa kaksiosaisessa teoksessaan *India and World Civilization* (Michigan State University Press, 1969) runsaasti dokumentteja Intian kasvatustyöstä muinaisessa maailmassa. Hän kuvaa Bagdadin läheltä esiin kaivettua maljakkoa, joka on johtanut tutkijat päättelemään, että "jo kolmannen vuosituhannen puolivälissä eKr. Mesopotamiassa harjoitettiin intialaista kulttia. – – Niinpä arkeologia on osoittanut, että Intia lähetti käsityöläisiään maahan, jossa sijaitsevat läntisen sivilisaation juuret, jo kaksi tuhatta vuotta ennen kuin varhaisimmat nuolenpääkirjoitukset antavat viitteitä yhteydenpidosta Intian kanssa." *(Julkaisijan huomautus)*

"Ja Jeesus varttui viisaudessa ja iässä ja armossa Jumalan ja ihmisten edessä" (Luuk. 2:52).

On jo sinänsä tavatonta, etteivät niin poikkeuksellisen hahmon aikalaiset olisi löytäneet mitään muistiin merkitsemisen arvoista hänen lapsuudestaan aina kolmenkymmenen ikävuoden tienoille saakka.

On kuitenkin olemassa merkittäviä kertomuksia, joskaan ei Jeesuksen synnyinmaassa, vaan kauempana idässä, missä hän vietti suurimman osan kuvausta vaille jääneistä vuosista. Tiibetiläisen luostarin kätköistä löytyy korvaamattomia muistiinpanoja. Ne puhuvat Israelista tulleesta pyhästä Issasta, "jossa ilmentyi maailmankaikkeuden sielu". Ne kertovat hänestä, joka oli 14. ja 28. ikävuotensa välillä Intiassa ja Himalajan seuduilla pyhimysten, munkkien ja oppineiden keskuudessa ja joka saarnasi sanomaansa kaikkialla alueella ja palasi sitten opettamaan synnyinmaahansa, missä häntä kohdeltiin huonosti, häntä paheksuttiin ja hänet tuomittiin kuolemaan. Näissä muinaisissa aikakirjoissa kuvattujen tapausten lisäksi ei Jeesuksen elämän tuntemattomilta vuosilta ole koskaan julkaistu mitään muuta historiatietoa.

Kuin taivaan lahjana venäläinen matkailija Nikolai Notovitš löysi ja kopioi [Himisin luostarissa Tiibetissä] nämä muinaiset asiakirjat. – – Hän julkaisi muistiinpanonsa itse vuonna 1894 nimellä *Jeesuksen Kristuksen tuntematon elämä*. – –

Ramakrishna Paramahansan suora oppilas, Swami Abhedananda, vieraili vuonna 1922 Himisin luostarissa ja vahvisti Issasta kaikki tärkeimmät yksityiskohdat, jotka oli julkaistu Notovitšin kirjassa.

Nicholas Roerich oli tutkimusmatkalla Intiassa ja Tiibetissä 1920-luvun keskivaiheilla. Hän näki ja kopioi muinaisista käsikirjoituksista säkeitä, jotka olivat samoja tai ainakin samansisältöisiä kuin Notovitšin julkaisemat. Hän oli myös hyvin vaikuttunut tuon alueen suullisesta perinteestä: "Srinagarissa törmäsimme ensimmäisen kerran kummalliseen legendaan Kristuksen vierailusta tuolle paikalle. Myöhemmin huomasimme, miten laajalle levinnyt Intiassa, Ladakhissa ja Keski-Aasiassa oli tuo legenda Kristuksen käynnistä näillä main pitkän poissaolonsa aikana, joka käy ilmi evankeliumeista."

❖ ❖ ❖

Jeesus ja jooga

Intia on uskonnon äiti. Sen kulttuuri on tunnustettu paljon vanhemmaksi kuin Egyptin legendaarinen sivilisaatio. Jos tutkii näitä asioita, huomaa, kuinka kaikkia muita ilmoituksia varhemmat Intian kirjoitukset ovat vaikuttaneet Egyptin Kuolleiden kirjaan ja Raamatun Vanhaan ja Uuteen testamenttiin sekä muihinkin uskontoihin. Kaikki ne olivat kosketuksissa Intian uskontoon ja ammensivat siitä, koska Intia erikoistui uskontoihin ylimuistoisista ajoista asti.

Jeesus siis lähti Intiaan. Notovitšin käsikirjoitus kertoo meille: "Issa poistui salaa isänsä kodista. Hän lähti Jerusalemista ja matkasi kauppiaiden karavaanissa Sindhiä kohti tarkoituksenaan täydellistyä Jumalan Sanan tuntemuksella ja suurien buddhien lakeja opiskelemalla."[1]

Tämä ei merkitse sitä, että Jeesus olisi oppinut kaiken, mitä opetti, hengellisiltä ohjaajiltaan ja seuralaisiltaan Intiassa ja sitä ympäröivillä seuduilla. Avataarat tulevat tänne omine viisauden lahjoineen. Jeesuksen jumaloivalluksen varannot vain heräsivät ja muotoutuivat soveltumaan hänen ainutlaatuista tehtäväänsä varten, kun hän oleskeli hindulaisten oppineiden, buddhalaismunkkien ja varsinkin suurten joogamestarien parissa. Näiltä hän sai vihkimyksen salaiseen tieteeseen, jonka mukaan yhteys Jumalaan saavutetaan meditaation avulla. Kokoamansa tietämyksen ja syvässä meditaatiossa sielustaan ammentamansa viisauden pohjalta hän loi kansanjoukkoja varten yksinkertaisia vertauksia; niillä hän opetti ihanteellisia periaatteita, joiden mukaan ihmisen tulisi elää Jumalaa muistaen. Sen sijaan läheisille opetuslapsilleen hän opetti syvällisempiä salaisuuksia, sillä he olivat valmiit niitä vastaanottamaan; tämä käy ilmi Uuden testamentin pyhän Johanneksen Ilmestyskirjasta. Sen vertauskuvasto on täydellisessä sopusoinnussa jumaloivalluksen joogatieteen kanssa. *[Katso s. 35.]*

---

[1] Vrt. kohtaa Swami Abhedanandan tiibetin kielestä kääntämään säkeeseen: "Tähän aikaan hänen suurena toiveenaan oli hankkia täysi jumaloivallus ja opiskella uskontoa niiden jalkojen juuressa, jotka ovat saavuttaneet täydellisyyden meditaation avulla." (*Matka Kashmiriin ja Tiibetiin*)

Notovitšin löytämät dokumentit antavat historiallista tukea pitkäaikaiselle vakaumukselleni, jonka olen muodostanut varhaisvuosinani Intiassa: Jeesus liittyi Intian *risheihin* niiden tietäjien välityksellä, jotka matkasivat hänen seimensä ääreen. Hän lähti heidän luokseen Intiaan vastaanottamaan heidän siunauksensa ja keskustelemaan heidän kanssaan siitä tehtävästä, joka hänen tuli suorittaa maailmassa. Hänen opetuksensa syntyivät sisäisesti hänen jumaloivalluksestaan, ja ulkonaisesti niitä kehittivät hänen opintonsa mestarien seurassa. Tämä ilmentää Kristus-tietoisuuden universaalisuutta. Se ei tunne mitään rajoja rodun tai uskontunnustuksen suhteen. Juuri näitä asioita pyrin tuomaan esille tämän kirjan sivuilla.

Auringon lailla, joka nousee idästä ja taivaltaa länteen valaen säteitään, Kristuskin syntyi idässä ja tuli länteen. Lännessä hän säilyi valtaisan kristinuskon kannattajien guruna ja pelastajana. Ei ole sattumaa, että Jeesus päätti syntyä itämaisena Kristuksena Palestiinassa. Tämä sijaintipaikka oli keskiö, joka liitti idän Eurooppaan. Hän matkusti Intiaan kunnioittamaan yhteyksiään sen *risheihin*, julisti sanomaansa kaikkialla tuolla alueella ja palasi sitten Palestiinaan opetuksiaan levittämään. Suuressa viisaudessaan hän koki Palestiinan portiksi, jonka kautta hänen henkensä ja sanansa löytäisivät tiensä Eurooppaan ja maailman ääriin. Tämä suuri Kristus säteilee idän hengellistä väkevyyttä ja voimaa länteen. Hän on jumalallinen yhdysside, joka liittää yhteen idän ja lännen Jumalaa rakastavat ihmiset.

Ei idällä eikä lännellä ole yksinoikeutta totuuteen. Puhtaan hopean ja kullan hohtoiset auringonsäteet näyttävät punaisilta tai sinisiltä, jos niitä katselee punaisen tai sinisen lasin läpi. Samoin totuuskin näyttää erilaiselta idän tai lännen kulttuurin värittämänä. Kun tarkastellaan eri aikojen ja seutujen suurten hahmojen ilmentämän totuuden puhdasta olemusta, heidän sanomassaan havaitaan hyvin vähän eroja. Koen sen, minkä vastaanotin gurultani ja Intian kunnianarvoisilta mestareilta, hyvin samanlaiseksi kuin mitä olen saanut Jeesuksen Kristuksen opetuksista.

Evankeliumien kadonneet opetukset

Maailma on paljolti tulkinnut väärin Kristusta. Jopa hänen opetustensa kaikkein perustavimpia periaatteita on häpäisty ja niiden salatut syvyydet

Gnostilaiset evankeliumit: kadonnutta kristinuskoa?

Egyptin Nag Hammadissa tehtiin merkittävä varhaiskristillisten gnostilaisten tekstien löytö vuonna 1945. Niistä voi nähdä pilkahduksen siitä, mikä on ollut kadoksissa sovinnaiselta kristinuskolta "länsimaistamisen" kautena. Fil. tri Elaine Pagels kirjoittaa teoksessaan *The Gnostic Gospels* (Vintage Books, New York 1981):

"Puhdasoppiset kristityt leimasivat toisen vuosisadan keskivaiheilla harhaoppisiksi Nag Hammadin ja muut niiden kaltaiset tekstit, jotka levisivät kristillisen ajan alussa. – – Ne, jotka kirjoittivat ja jakoivat näitä tekstejä, eivät kuitenkaan pitäneet itseään 'kerettiläisinä'. Useimmat kirjoitukset käyttävät kristillistä terminologiaa, joka ilman muuta liittyy juutalaiseen perintöön. Monet väittävät tarjoavansa Jeesuksesta salaisia perimätietoja, niiltä 'monilta' kätkettyjä, jotka muodostivat toisella vuosisadalla myöhemmin 'katolisena kirkkona' tunnetun liikkeen. Näitä kristittyjä kutsutaan nyt gnostilaisiksi; termi juontuu kreikan sanasta *gnosis*, käännettynä tavallisimmin 'tieto'. Kuten sitä, joka väittää, ettei tiedä mitään perimmäisestä todellisuudesta, kutsutaan agnostikoksi (kirjaimellisesti 'ei-tietävä'), henkilöä, joka väittää tietävänsä sellaisia asioita, kutsutaan gnostikoksi ('tietäväksi'). Mutta *gnosis* ei ole pääasiallisesti rationaalista tietoa. – – Kun gnostikot käyttävät termiä, voisimme kääntää sen 'oivallukseksi', sillä *gnosis* sisältää itsensä tuntemisen intuitiivisen prosessin. – – [Gnostilaisten opettajien mukaan] itsensä tunteminen syvimmällä tasolla on samanaikaisesti Jumalan tuntemista; tämä on *gnosiksen* salaisuus. – –

"Näiden tekstien 'elävä Jeesus' puhuu harhasta ja valaistumisesta, ei synnistä ja parannuksesta, kuten Uuden testamentin Jeesus. Sen sijaan että tulisi pelastamaan meitä synnistä, hän tulee oppaana, joka avaa pääsyn hengellisen ymmärryksen äärelle. – –

"Ortodoksikristityt uskovat, että Jeesus on Herra ja Jumalan Poika ainutlaatuisella tavalla: hän jää ainaisesti erilleen muusta ihmiskunnasta, jota tuli pelastamaan. Gnostilainen Tuomaan evankeliumi kuitenkin kertoo seuraavaa: Heti kun Tuomas tunnisti Jeesuksen, hän sanoi Tuomaalle, että he olivat molemmat saaneet olemuksensa samasta lähteestä: 'Minä en ole opettajasi. Koska olet juonut, olet juopunut kuohuvasta virrasta, josta minä olen mitannut. – – Siitä, joka juo minun suustani, tulee sellainen kuin minä: Minusta itsestäni on tuleva hän, ja salatut asiat paljastetaan hänelle.'

"Eikö sellainen opetus kuulosta enemmän itäiseltä kuin läntiseltä: jumalallisen ja inhimillisen samuus, huomion kiinnittäminen harhaan ja valaistumiseen, perustaja, jota ei esitetä Herrana vaan hengellisenä johdattajana? – – Olisivatko hindulaiset tai buddhalaiset traditiot vaikuttaneet gnostilaisuuteen? – – Ne ajatukset, jotka me miellämme itäisiin uskontoihin kuuluviksi, ilmaantuivat ensimmäisellä vuosisadalla gnostilaisen liikkeen kautta länteen, mutta sellaiset poleemikot kuin Irenaeus tukahduttivat ja tuomitsivat ne." *(Julkaisijan huomautus)*

on unohdettu. Dogmit, ennakkoluulot ja ahdas käsityskyky ovat ristiinnaulinneet ne. Kristinuskon oppijärjestelmien oletetun arvovallan nimissä on käyty kansanmurhia nostattaneita sotia ja ihmisiä on poltettu noitina ja kerettiläisinä, vaikka nuo oppijärjestelmät ovat olleet ihmisten luomia. Kuinka kuolemattomat opetukset voitaisiin pelastaa tietämättömyyden käsistä? Meidän tulee tuntea Jeesus itämaisena Kristuksena, ylivertaisena joogina, joka osoitti jumalyhteyden universaalin tieteen täydellistä hallintaa. Sellaisena hän kykeni puhumaan ja toimimaan pelastajana Jumalan äänellä ja arvovallalla. Häntä on länsimaistettu liian paljon.

Jeesus oli itämainen syntyperältään, verenperinnöltään ja kasvatukseltaan. Opettajan eristäminen kansallisuustaustastaan merkitsee sen käsityskyvyn hämärtymistä, jonka kautta hän tulee ymmärretyksi. Riippumatta siitä, mitä Jeesus Kristus itsessään sielussaan oli, hänen oli levitettävä sanomaansa itämaisen kulttuurin, sen käytäntöjen, perinnäistapojen, kielen ja vertausten välityksellä, koska hän oli syntynyt ja varttunut orientissa. Ymmärtääkseen Jeesusta Kristusta ja hänen opetuksiaan täytyy olla ymmärtävän avoin itämaiselle näkökannalle – erityisesti Intian muinaiselle ja nykyiselle kulttuurille, uskonnollisille kirjoituksille, perinteille, filosofioille, hengellisille uskomuksille ja intuitiivisille metafyysisille kokemuksille. Vaikka Jeesuksen opetukset ovat esoteerisesti ymmärrettyinä yleismaailmallisia, niissä on itämaisen kulttuurin olemusta. Ne pohjautuvat itämaisiin vaikutuksiin, jotka on sopeutettu läntiseen ympäristöön.

Evankeliumit voidaan ymmärtää oikein Intian opetusten valossa – ei hindulaisuuden vääristyneiden, kastirasitteisten ja kiviä palvovien tulkintojen valossa, vaan *rishien* filosofisesta ja sielua pelastavasta viisauden näkökulmasta: *vedojen, Upanishadien* ja *Bhagavadgitan* ytimestä eikä ulkokuoresta käsin. Tämä totuuden sisin olemus – *sanatana dharma* eli oikeamielisyyden ikuiset prinsiipit, jotka ylläpitävät ihmistä ja universumia – annettiin maailmalle tuhansia vuosia ennen kristillistä aikaa. Intiassa sitä vaalittiin elinvoimaisen hengellisyyden ilmapiirissä, joka on tehnyt Jumalan etsinnästä koko elämän kattavaa eikä vain nojatuoliviihdykettä.

Uskonnon universaali tiede

Totuuden henkilökohtainen oivaltaminen on kaikkien tieteiden takana olevaa tiedettä. Monille uskonto on kuitenkin jäänyt pelkäksi uskomusasiaksi. Toinen uskoo katolilaisuuteen, toinen johonkin protestanttiseen kirkkokuntaan, ja jotkut muut puolustavat uskomusta, että juutalaisten tai hindulaisten tai muslimien tai buddhalaisten uskonto on totuuden tie. Uskonnon tiede osoittaa kaikille näille yhteiset universaalit totuudet – uskonnon perustan – ja opettaa, kuinka niitä soveltamalla käytäntöön ihmiset voivat rakentaa elämänsä jumalallisen suunnitelman mukaisesti. Intian *raja*-joogan opetus on sielun "kuninkaallinen" tiede. Se korvaa uskonnon puhdasoppisuuden esittämällä systemaattisesti sellaisten menetelmien käyttämistä, jotka ovat yleismaailmallisesti välttämättömiä jokaisen ihmisyksilön kehittymiseksi kohti täydellisyyttä, rodusta tai uskontunnustuksesta riippumatta.

❖ ❖ ❖

Tarvitaan uskonnon tieteen yhdistymistä uskonnon henkeen tai innoitteeseen – esoteerisen yhtymistä eksoteeriseen. Herra Krishnan opettama joogatiede tarjoaa uskomuksiin perustuvien voimattomien odotusten sijaan käytännön menetelmiä, joilla Jumala voidaan tosiasiallisesti kokea sisäisesti; ja Jeesuksen julistama Kristuksen rakkauden ja veljeyden henki taas on ainut tosi yleislääke, joka estää itsepintaisia eroavaisuuksia repimästä maailmaa hajalle. Yhdessä ne ovat yhtä ja samaa universaalista totuutta, jota nämä kaksi Kristusta, idän ja lännen Kristukset, opettivat.

❖ ❖ ❖

Maailman pelastajat eivät tule luoksemme lietsoakseen vahingollisia uskonopillisia erimielisyyksiä. Heidän opetuksiaan ei pitäisi käyttää sellaiseen päämäärään pyrkimiseen. Eräässä mielessä on jopa harhaanjohtavaa puhua Uudesta testamentista "kristillisenä" Raamattuna, sillä se ei kuulu yksinoikeudella millekään uskontokunnalle. Totuuden on määrä olla siunaukseksi ja ylennykseksi koko ihmissuvulle. Kuten Kristus-tietoisuus on kaikkiallista, myös Jeesus Kristus kuuluu kaikille.

Vaikka painotan Herra Jeesuksen Uudessa testamentissa julistamaa sanomaa ja Bhagavan Krishnan *Bhagavadgitassa* esittämää joogatiedettä jumaloivallukseen johtavan tien suurimpana hyvänä, *summum bonumina*, kunnioitan totuuden erilaisia ilmauksia, jotka virtaavat yhdeltä Jumalalta Hänen erilaisten sanansaattajiensa kirjoitusten välityksellä.

❖ ❖ ❖

Totuus on sinällään korkein "uskonto". Vaikka nurkkakuntaiset "ismit" voivat ilmaista totuutta vaihtelevin tavoin, ne eivät pysty tyhjentävästi esittämään sitä. Totuudella on loputtomat ilmenemismuotonsa ja seurannaisvaikutuksensa mutta yksi ainoa täyttymys: Jumalan, ainoan Tosiolevaisen, välitön kokeminen.

Ihmisille tyypillisellä liittymisellä eri seuroiksi on vain vähän merkitystä. Pelastusta ei tuo uskonnollinen yhdyskunta, johon jonkun nimi on rekisteröity, ei liioin kulttuuri tai uskontunnustus, jonka piiriin hän on syntynyt. Totuuden sisin olemus ulottuu kaiken ulkonaisen tuolle puolen. Tuo totuuden ydin on tärkeintä Jeesuksen ja hänen sieluille suuntaamansa universaalin kutsun ymmärtämiseksi; hän kutsuu ihmisiä käymään sisälle Jumalan valtakuntaan, joka on "sisällisesti teissä".

❖ ❖ ❖

Me olemme kaikki Jumalan lapsia aivan alusta asti aina ikuisuuksiin saakka. Eroavaisuudet johtuvat ennakkoasenteista, ja ennakkoluulo on tietämättömyyden verso. Meidän ei pitäisi ylpeästi tunnustautua amerikkalaisiksi tai intialaisiksi tai italialaisiksi tai leimautua mihinkään muuhunkaan kansallisuuteen, sillä tuollainen johtuu vain syntyperästä. Meidän tulisi ennen kaikkea olla ylpeitä siitä, että olemme Jumalan lapsia, Hänen kuvakseen luotuja. Eikö juuri tämä olekin Kristuksen viesti?

Jeesus Kristus on loistava esikuva sekä idälle että lännelle seurattavaksi. Jumalan painama leima, "Jumalan poika", kätkeytyy jokaiseen sieluun. Jeesus vahvisti kirjoitukset, joissa sanotaan: "Te olette jumalia."

Heittäkää pois naamionne! Astukaa esiin avoimesti Jumalan lapsina – älkää onttojen julistusten ja ulkoa opittujen rukousten varassa, älkää sellaisten älykkäästi sommiteltujen saarnojen myötä, jotka on konstailtu ylistämään Jumalaa ja keräämään käännynnäisiä, vaan *oivalluksen* turvin!

Älkää harrastako kapea-alaista, viisaudeksi naamioitua yltiöhartautta vaan omistautukaa Kristus-tietoisuudelle. Samaistukaa Universaaliin Rakkauteen, mikä ilmenee kaikkien palvelemisena, sekä aineellisesti että hengellisesti. Silloin te tulette tuntemaan, kuka Jeesus Kristus oli, ja voitte sanoa sisimmässänne, että me kaikki olemme samaa seuraa, kaikki yhden Jumalan lapsia!

"Pidän opetuksistanne. Mutta oletteko kristitty?" Kysyjä keskusteli Paramahansajin kanssa ensimmäistä kertaa. Guru vastasi:

"Eikö Kristus sanonut meille: 'Ei jokainen, joka sanoo minulle, "Herra, Herra", pääse taivasten valtakuntaan, vaan se, joka tekee minun taivaallisen Isäni tahdon.'?

"Raamatussa sana pakana tarkoittaa epäjumalanpalvojaa, sellaista, jonka huomio on keskittynyt maailman houkutuksiin eikä Herraan. Materialisti voi käydä kirkossa sunnuntaisin ja olla silti pakana. Se, jonka lampussa palaa jatkuvasti Taivaallisen Isän muistamisen tuli ja joka noudattaa Jeesuksen ohjeita, on kristitty."

Hän lisäsi: *"Saatte itse päättää, pidättekö minua kristittynä vai ette."*

– Paramahansa Yoganandan sanontoja

LUKU 3

Joogi Jeesuksen sisäisiä opetuksia

Kuinka jokainen sielu voi saavuttaa Kristus-tietoisuuden

Puolustajan, Pyhän Hengen, tärkeys

"Jos te minua rakastatte, niin te pidätte minun käskyni. Ja minä olen rukoileva Isää, ja hän antaa teille toisen Puolustajan olemaan teidän kanssanne iankaikkisesti, totuuden Hengen, jota maailma ei voi ottaa vastaan, koska se ei näe häntä eikä tunne häntä; mutta te tunnette hänet, sillä hän pysyy teidän tykönänne ja on teissä oleva. En minä jätä teitä orvoiksi; minä tulen teidän tykönne.

Mutta Puolustaja, Pyhä Henki, jonka Isä on lähettävä minun nimessäni, hän opettaa teille kaikki ja muistuttaa teitä kaikesta, minkä minä olen teille sanonut.

Rauhan minä jätän teille: minun rauhani – sen minä annan teille. En minä anna teille, niinkuin maailma antaa. Älköön teidän sydämenne olko murheellinen älköönkä peljätkö." (Joh. 14:15–18, 26, 27.)

Nykypäivään sopii sama kehotus, jonka Jeesus antoi läheisille opetuslapsilleen. Jos kilvoittelija rakastaa häntä (toisin sanoen rakastaa hänessä olevaa yhteyttä Kristus-tietoisuuteen), silloin tämän kilvoittelijan tulee uskollisesti noudattaa käskyjä – kehollisen ja mentaalisen harjoituksen ja meditaation lakeja – joita vaaditaan Kristus-tietoisuuden ilmentämiseksi ihmisen omassa tajunnassa.

❖ ❖ ❖

Kristillisessä maailmassa vain harvat ovat ymmärtäneet Jeesuksen lupausta lähettää Pyhä Henki hänen lähdettyään. Pyhä Henki on Jumalan pyhä, näkymätön värähtelevä voima, joka aktiivisesti ylläpitää universumia, Sana eli *Aum*, kosminen värähtely, suuri Puolustaja, joka pelastaa kaikista murheista.

Sana: Jumalan Kosminen Älykäs Värähtely

Luoja-Herran kosmisen luomistyön järjestelmällinen evoluutio on hahmoteltu arkaistisin sanoin Vanhassa testamentissa, Ensimmäisessä Mooseksen kirjassa. Uuden testamentin puolella Johanneksen evankeliumin alkujakeita voisi hyvällä syyllä kutsua Genesikseksi pyhän Johanneksen mukaan. Kun nämä syvälliset Raamatun kertomukset ymmärretään oikein intuitiivisen oivalluskyvyn turvin, ne molemmat pitävät tarkasti yhtä sen hengellisen kosmologian kanssa, jonka Intian kulta-ajan jumaltietoiset *rishit* esittivät intialaisissa kirjoituksissa.

Pyhä Johannes oli kenties suurin Jeesuksen opetuslapsista. Samoin kuin koulun opettaja huomaa oppilaittensa joukosta jonkun, joka on käsityskyvyltään ylivertainen, ja asettaa hänet luokan ensimmäiseksi ja joutuu

---

"Sana" alkukristillisyydessä

Vaikka kirkon virallinen oppijärjestelmä on vuosisatojen ajan tulkinnut "Sanan" (alkukielisenä kreikan *Logos*) viittauksena Jeesukseen itseensä, se ei ollut alun perin pyhän Johanneksen tulkinta. Tutkijoiden mukaan Johanneksen käyttämää käsitettä ei tule ymmärtää kirkon paljon myöhäisemmän raamatunselityksen avulla, vaan Johanneksen oman aikakauden juutalaisten filosofien raamatullisten kirjoitusten ja opetusten valossa – esimerkiksi Sananlaskujen kirjan avulla (jonka Johannes ja kuka tahansa hänen aikansa juutalainen ihminen on tuntenut). Karen Armstrong kirjoittaa teoksessaan *A History of God: The 4,000 Year Quest of Judaism, Christianity, and Islam* (Alfred A. Knopf, New York 1993): "Kolmannella vuosisadalla eKr. kirjoittanut Sananlaskujen tekijä - - henkilöllistää viisauden niin, että se näyttää erilliseltä persoonalta:

"'Jahve loi minut [viisauden], kun hänen tarkoituksensa kävi ilmi, ennen vanhimpia tekojaan. Ikuisuudesta minut oli lujasti asetettu olemaan, alusta asti, ennen kuin maata oli - - kun hän laski maan perustuksen, minä olin hänen rinnallaan taitavana rakentajana ilahduttaen häntä päivä päivältä, aina leikkimässä hänen läsnä ollessaan; leikin kaikkialla maailmassa, iloiten siitä, että olen ihmislasten seurassa.' (Sananl. 8:22–23, 30–31, The Jerusalem Bible.) - -

"Heprealaisten kirjoitusten arameankielisissä käännöksissä, jotka tunnetaan *targumeina* ja joita luotiin näihin aikoihin [so. kun Johanneksen evankeliumi kirjoitettiin], termiä *memra* (sana) käytetään kuvaamaan Jumalan toimintaa

sijoittamaan muut alemmalle tasolle, myös Jeesuksen oppilaita oli eriasteisia kyvyltään omaksua ja sisäistää Kristus-ihmisen opetusten syvyyksiä ja laajuuksia. Uuden testamentin eri kirjojen joukossa pyhän Johanneksen selonteot osoittavat jumalallisen oivalluksen korkeinta astetta. Ne tekevät tunnetuiksi syvälliset esoteeriset totuudet, jotka Jeesus koki ja siirsi Johannekselle. Johannes esittää Jeesuksen opettamat totuudet sisäisen, intuitiivisen oivalluksen näkökulmasta, ei vain evankeliumissaan, vaan myös kirjeissään ja erityisesti syvällisissä metafyysisissä kokemuksissaan, jotka on symbolisesti kuvattu Ilmestyskirjassa. Johanneksen sanoissa on täsmällisyyttä: kun etsitään elämän ja Jeesuksen opetusten todellista tarkoitusta, tätä evankeliumia tulisi pitää ensimmäisenä, vaikka se on Uudessa testamentissa viimeinen neljästä.

---

maan päällä. Se ajaa samaa tehtävää kuin muut tekniset termit, kuten 'kunnia', 'Pyhä Henki' ja 'sekina', jotka korostavat erotusta Jumalan maanpäällisen läsnäolon ja Jumalan itsensä rajattoman todellisuuden välillä. Jumalallisen viisauden tavoin 'Sana' symboloi Jumalan alkuperäistä luomissuunnitelmaa."

Varhaisten kirkkoisien kirjoitukset osoittavat myös, että tämä oli pyhän Johanneksen tarkoittama merkitys. John Patrick toteaa kirjassaan *Clement of Alexandria* (William Blackwood and Sons, Edinburgh 1914): "Klemens samaistaa toistuvasti Sanan ja Jumalan viisauden." Ja quebeciläisen Lavalin yliopiston teologian professori, tri Anne Pasquier kirjoittaa teoksessa *The Nag Hammadi Library After Fifty Years* (toim. John D. Turner ja Anne McGuire, Brill, New York 1997): "Filon, Klemens Aleksandrialainen ja Origenes - - kaikki liittivät Logoksen Jumalan sanaan Vanhan testamentin luomiskertomuksissa, kun 'Jumala puhui, ja niin tapahtui'. Valentinolaiset tekevät samoin - - valentinolaisten mukaan Johanneksen evankeliumin alkulause kuvaa hengellistä genesistä, aineellisen geneksen mallia, ja se nähdään Vanhan testamentin luomiskertomusten hengellisenä tulkintana."

Kuitenkin "Sana" (kuten myös "ainosyntyinen Poika") tuli merkitsemään Jeesuksen *persoonaa*, mutta tämä tapahtui vasta doktriinin vähittäisen kehittymisen myötä; kehityskulkuun vaikuttivat moninaiset teologiset ja poliittiset voimat. Historioitsija Karen Armstrong kirjoittaa teoksessa *A History of God*, että kirkko vasta neljännellä vuosisadalla rupesi "omaksumaan jakamattoman käsityksen uskonnollisesta totuudesta: Jeesus oli ensimmäinen ja viimeinen Jumalan Sana ihmissuvulle". *(Julkaisijan huomautus)*

❖ ❖ ❖

"Alussa..." Tällä sanalla alkavat sekä Vanhan että Uuden testamentin kosmogoniat. "Alussa" viittaa äärellisen luomakunnan syntyyn, sillä ikuisessa Absoluutissa – Hengessä – ei ole enempää alkua kuin loppuakaan. – – Ainoana olemassa olevana substanssina Hengellä ei ole mitään muuta kuin itsensä, jolla luoda. Henki ja sen universaali luomakunta eivät voisi olla olennaisesti erilaisia, sillä kaksi ainaisesti olemassa olevaa Ääretöntä Voimaa olisivat väistämättä kumpikin absoluuttisia, mikä on määritelmän mukaan mahdottomuus. Järjestyksenmukainen luomakunta edellyttää Luojan ja luodun dualistisuutta. Niinpä Henki antoi ensin syntyä maagisen harhan, *mayan*, kosmisen taianomaisen mittaajan,[1] joka synnyttää harhan Jakamattoman Äärettömyyden osan jakautumisesta erillisiksi äärellisiksi kohteiksi, juuri kuten tyyni valtameri vääristyy pinnaltaan yksittäisiksi aalloiksi myrskyn vaikutuksesta.

Koko luomakunnan kaikkeus on ainoastaan Henkeä, ja Hengen luova, värähtelevä toiminta aiheuttaa siihen näennäisesti ja tilapäisesti vaihteluita.

❖ ❖ ❖

Alussa oli Sana, ja Sana oli Jumalan tykönä, ja Sana oli Jumala. Hän oli alussa Jumalan tykönä.

Kaikki on saanut syntynsä hänen kauttaan, ja ilman häntä ei ole syntynyt mitään, mikä syntynyt on.

Hänessä oli elämä, ja elämä oli ihmisten valkeus. (Joh. 1:1–4.)

"Sana" tarkoittaa älykästä värähtelyä, älyllistä energiaa, joka tulee Jumalalta. Mikä tahansa sana, vaikkapa "kukka", sisältää älyllisen olennon lausumana äänienergiaa eli värähtelyä sekä ajatuksen, joka evästää tuon värähtelyn älyllisellä merkityksellä. Samalla tavoin Sana, kaiken luodun aineksen alku ja lähde, on kosmista värähtelyä [Pyhää Henkeä], joka on kyllästetty kosmisella Älyllä [Kristus-tietoisuudella].

Ajatus aineesta, energia, josta aine on muodostunut, sekä itse aine – eli kaikki kappaleet – ovat pelkästään Hengen erilaisia värähteleviä luomuksia.

---

[1] Sanskritin sana *maya* (kosminen harha) merkitsee 'mittaaja'. Se on luomakunnan maaginen voima, jonka vaikutuksesta havaitaan rajallisuutta ja hajaannusta mittaamattomassa ja erottamattomassa.

❖ ❖ ❖

Ennen luomista on olemassa vain eriytymätöntä Henkeä. Luomisen ilmetessä Hengestä tulee Isä Jumala, Poika ja Pyhä Henki. – – Ilmentymättömästä Hengestä tuli Isä Jumala, kaiken luovan värähtelyn luoja. Isä Jumalaa kutsutaan hindulaisissa kirjoituksissa *Ishvaraksi* (Kosmiseksi Hallitsijaksi) tai *Satiksi* (Kosmisen Tietoisuuden ylimmäksi puhtaaksi olemukseksi) – transsendenttiseksi Älyksi. Tämä merkitsee, että Isä Jumala on transsendenttisesti kaiken värähtelevän luomakunnan värinän ulottumattomissa – tietoisena, erillisenä Kosmisena Tietoisuutena.

Hengestä virtaava värähtelevä voima, varustettuna *mayan* illusoorisella luovalla voimalla, on Pyhä Henki: Kosminen Värähtely, Sana, *Aum* (*Om*) eli Amen.

❖ ❖ ❖

Sana, Kosmisen Värähtelyn luova energia ja ääni – ikään kuin käsittämättömän voimakkaan maanjäristyksen ääniaallot – lähti Luojasta tuoden ilmi universumin. Tuo Kosminen Värähtely oli kyllästetty Kosmisella Älyllä. Se tiivistyi hienoiksi alkutekijöiksi – lämpö-, sähkö- magneetti- ja kaikeksi muunlaiseksi säteilyksi ja sitten höyrymäisten (kaasumaisten), nestemäisten ja kiinteiden aineiden atomeiksi.

❖ ❖ ❖

Kaikkialla avaruudessa aktiivisesti läsnä oleva kosminen värähtely ei voinut itsessään luoda tai ylläpitää ihmeellisen monimuotoista kosmosta. – – [Niinpä] Isä Jumalan transsendenttinen tietoisuus tuli ilmi Pyhän Hengen värähtelyssä Poikana, Kristus-tietoisuutena, Jumalan intelligenssinä, joka on kaikessa värähtelevässä luomakunnassa. Tämä Jumalan puhdas heijastuma Pyhässä Hengessä ohjaa sitä epäsuorasti luomaan, luomaan uudelleen, säilyttämään ja muokkaamaan luomakuntaa Jumalan taivaallisen tarkoitusperän mukaisesti.

❖ ❖ ❖

Raamatun kirjoittajat eivät käyttäneet terminologioita, jotka ilmentävät nykyajan tietämystä, mutta he käyttivät osuvasti "Pyhää Henkeä" ja

Luomakunnan värähtelevä luonne

Nykyinen kehitys teoreettisen fysiikan tutkijoiden "supersäieteoriaksi" nimittämällä tieteenalalla on edistämässä luonnon värähtelevän laadun oikeaa ymmärtämistä. Cornellin ja Kolumbian yliopistojen fysiikan professori, fil. tri Brian Greene kirjoittaa teoksessaan *The Elegant Universe: Superstrings, Hidden Dimensions, and the Quest for the Ultimate Theory* (Vintage Books, New York 2000):

"Kolmenkymmenen viimeisen elinvuotensa aikana Albert Einstein etsi periksiantamattomasti niin sanottua yhtenäistä kenttäteoriaa – teoriaa, joka pystyisi kuvaamaan luonnon voimia yhdessä, kaiken käsittävässä, koherentissa viitekehyksessä. – – Nyt uuden vuosituhannen sarastuksessa säieteorian puolustajat väittävät, että tämän vaikeasti tavoitettavan yhtenäisen kankaan langat on lopulta paljastettu. – –

"Teorian mukaan mikroskooppinen maisema on täynnä pieniä säikeitä, joiden värähtelevät muodot ohjaavat universumin evoluutiota", professori Greene kirjoittaa ja kertoo meille, että "tyypillisen säiesilmukan pituus on – – noin sata miljardia miljardia (10^{20}) kertaa pienempi kuin atomiytimien."

Professori Greene selittää tieteen 20. vuosisadan lopulla päätyneen siihen, että fyysinen maailmankaikkeus koostui hyvin harvoista perushiukkasista, kuten elektroneista, kvarkeista (jotka ovat protonien ja neutronien rakennuspalikoita) ja neutriinoista. "Vaikka kukin hiukkanen katsottiin alkeisosaksi", hän kirjoittaa, "kunkin käsittämän 'raaka-aineen' ajateltiin olevan erilaista. Esimerkiksi elektronin 'raaka-aineella' oli negatiivinen sähkövaraus, kun taas neutriinon 'raaka-aineella' ei ollut lainkaan sähkövarausta. Säieteoria muuttaa tämän kuvan radikaalisti selittämällä, että kaiken aineen ja kaikkien voimien 'raaka-aine' on *samaa.*"

"Säieteorian mukaan on vain *yksi* perustavanlaatuinen ainesosa: säie", Greene kirjoittaa teoksessa *The Fabric of the Cosmos: Space, Time and Texture of Reality* (Alfred A. Knopf, New York 2004). Hän selittää, että "kuten viulun kieli voi värähdellä eri tavoin, joista kukin tuottaa toisista erottuvan musiikillisen soinnun, supersäieteorian rihmatkin voivat värähdellä eri tavoin. – – Yhdellä tavalla värähtelevällä pienellä säikeellä olisi elektronin massa ja sähkövaraus. Teorian mukaan sellainen värähtelevä säie *olisi* sitä, mitä me olemme perinteisesti sanoneet elektroniksi. Erilaisella tavalla värähtelevällä pikkuruisella säikeellä olisi vaadittavat ominaisuudet, joiden mukaan se voitaisiin identifioida kvarkiksi, neutriinoksi tai miksi tahansa muunlaiseksi hiukkaseksi. – – Kukin syntyy saman, taustalla olevan entiteetin toteuttamasta erilaisesta värähtelymallista. – – Universumi olisi ultramikroskooppisella tasolla sukua viulukonsertolle, joka värähtelee aineen esille." *(Julkaisijan huomautus)*

"Sanaa" määrittämään Älykkään Kosmisen Värähtelyn luonnetta. "Sana" viittaa värähtelevään ääneen ja aineellistavaan voimaan. "Henki" viittaa älykkääseen, näkymättömään, tietoiseen voimaan. "Pyhä" kuvaa tätä Värähtelyä, koska se on Hengen ilmentymä ja koska se pyrkii luomaan universumin Jumalan täydellisen mallin mukaan.

Hindulaisten kirjoitusten nimittäessä "Pyhää Henkeä" *Aumiksi* ne kuvaavat sen osuutta Jumalan luomissuunnitelmassa: *A* edustaa *akaraa* eli luovaa värähtelyä, *u* edustaa *ukaraa*, säilyttävää värähtelyä, ja *m* edustaa *makaraa*, hajottamisen värähtelevää voimaa. Meren yllä raivoava myrsky synnyttää aaltoja, pitää niitä yllä jonkin aikaa ja sitten vetäytyessään häivyttää ne. Samoin *Aum* eli Pyhä Henki luo kaikki asiat, pitää niitä yllä lukemattomissa muodoissaan ja lopulta hajottaa ne Jumalan merenhelmaan uudelleen luotaviksi. Tämä jatkuva elämän ja muodon uudistumisprosessi on koko ajan käynnissä Jumalan kosmisen unennäön myötä.

Niinpä Sana eli Kosminen Värähtely on "kaiken" alku: "ilman häntä ei ole syntynyt mitään, mikä syntynyt on". Sana oli olemassa jo luomistyön alusta saakka – Jumalan ensimmäisenä ilmenemismuotona universumia synnytettäessä. "Sana oli Jumalan tykönä" – kyllästettynä Jumalan heijastamalla intelligenssillä, Kristus-tietoisuudella – "ja Sana oli Jumala" – Hänen oman yhden ja saman Olemuksensa värähtelyjä.

Pyhän Johanneksen selityksessä toistuu ikuinen totuus, joka kajahtelee ikivanhojen *veda*-kirjojen eri kohdissa: kosminen värähtelevä Sana (*Vak*) oli Jumalan, Isän Luojan (*Prajapati*) tykönä luomisen alussa, kun mitään muuta ei ollut olemassa, ja *Vakin* kautta kaikki on saanut syntynsä, ja *Vak* itse on Brahman (Jumala).

❖ ❖ ❖

"Näin sanoo Amen [Sana, *Aum*], se uskollinen ja totinen todistaja, Jumalan luomakunnan alku."[2] *Aumin* eli Amenen pyhä kosminen ääni on ilmenneen Jumalan läsnäolon todistaja koko luomakunnassa.

---

[2] Ilm. 3:14. *Veda*-kirjojen *Aum* tuli tiibetiläisten pyhäksi sanaksi, *Humiksi*, muslimien *Aminiksi* ja egyptiläisten, kreikkalaisten, roomalaisten, juutalaisten ja kristittyjen *Ameneksi*. Amen merkitsee hepran kielessä 'tosi, luotettava'.

Isä, Poika ja Pyhä Henki joogan mukaan

Kristinuskon pyhää kolminaisuutta – Isää, Poikaa ja Pyhää Henkeä – on mahdoton selittää, jos sovelletaan tavallista käsitystä Jeesuksen inkarnaatiosta eikä tehdä eroa toisaalta Jeesuksen kehon ja toisaalta sen olemuksen välillä, jossa ainosyntyinen Poika, Kristus-tietoisuus, ilmeni. Jeesus teki itse sellaisen eron puhuessaan ruumiistaan "Ihmisen Poikana" ja sielustaan "Jumalan Poikana", jota ruumis ei rajoittanut, vaan joka oli yhtä ainosyntyisen Kristus-tietoisuuden kanssa kaikissa värähtelevissä hiukkasissa.

"Sillä niin on Jumala maailmaa rakastanut, että hän antoi ainokaisen Poikansa" pelastamaan sitä. Toisin sanoen Isä Jumala pysyi kätkettynä sen värähtelevän maailman tuolla puolen, joka oli lähtöisin Hänen Olemuksestaan. Mutta sitten Hän kätkeytyi Kristus-tietoisuutena kaikkeen aineeseen ja kaikkiin eläviin olentoihin tarkoituksella paimentaa kehityksen myötä kaikki kauniisti takaisin Hänen iäisen Autuuden kotiinsa. Ilman tätä Jumalan läsnäoloa kaikkialla luomakunnassa ihminen kokisi kuin häneltä olisi riistetty Jumalallinen Auttaja. Miten suloisesti, toisinaan melkein huomaamatta, se tuleekaan ihmisen avuksi, kun hän polvistuu rukoukseen. Hänen Luojansa ja korkein Hyväntekijänsä ei ole koskaan kauempana kuin antaumuksellisen rakastavan ajatuksen päässä.

Pyhä Johannes sanoi: "Mutta kaikille, jotka ottivat hänet vastaan, hän antoi voiman tulla Jumalan pojiksi."* Monikkomuoto "Jumalan pojat" osoittaa selkeästi hänen Jeesukselta saamastaan opetuksesta, että ei Jeesuksen ruumis vaan hänen Kristus-tietoisuuden tilansa oli ainokainen poika. Ja kaikki ne, jotka pystyisivät kirkastamaan tietoisuutensa ja vastaanottamaan Jumalan voiman eli vapaasti heijastamaan sitä, voisivat tulla Jumalan pojiksi. He voisivat olla yhtä Jumalan ainokaisen heijastuman kanssa kaikessa olevaisessa, kuten Jeesuskin oli, ja pojan, Kristus-tietoisuuden, kautta kohota Isän, ylimmän Kosmisen Tietoisuuden, luo.

❖ ❖ ❖

Intian verrattoman arvokas lahja maailmalle on uskonnon tiede – jooga, "jumalallinen yhteys" – jonka *rishit* jo ammoin löysivät. Jumala voidaan tulla tuntemaan sen välityksellä, ei vain teologisena käsitteenä, vaan varsinaisena henkilökohtaisena kokemisena. Jumaloivalluksen joogatiede on kaikesta tieteellisestä tiedosta ihmiselle arvokkainta, sillä se iskee kaikkien inhimillisten epäkohtien pohjimmaiseen syyhyn: tietämättömyyteen, harhan sumentavaan verhoon. Kun ihminen tulee lujasti ankkuroiduksi jumaloivallukseen, harha voitetaan ja alempi, maallinen tietoisuus muuttuu ja tietoisuus kohoaa Kristuksen kaltaiseen asemaan.

Kristus-tietoisuuden vastaanottaminen meditaatiossa Pyhän Hengen yhteydessä

Mutta kaikille, jotka ottivat hänet vastaan, hän antoi voiman tulla Jumalan pojiksi, niille, jotka uskovat hänen nimeensä, jotka eivät ole syntyneet verestä eikä lihan tahdosta eikä miehen tahdosta, vaan Jumalasta (Joh. 1:12–13).*

Jumalan valo loistaa yhtäläisesti kaikessa, mutta harhaisen tietämättömyyden vuoksi kaikki eivät vastaanota tai heijasta sitä samalla tavoin. Auringonvalo osuu samalla tavoin kivihiilen palaseen ja timanttiin, mutta vain timantti vastaanottaa ja heijastaa valon häikäisevän loistavasti. Hiilellä on mahdollisuus muuttua timantiksi. Vaaditaan vain sen muuntumista kovassa paineessa. Niinpä tässä sanotaan, että jokainen voi olla kuin Kristus – jos vain kirkastaa tietoisuutensa moraalisella ja hengellisellä elämällä ja varsinkin puhdistamalla tietoisuutensa meditaatiossa, jossa kehittymätön kuolevaisuus ylevöityy sielun kuolemattomuuden täydellisyydeksi.

Jumalan poikana olemista ihmisen ei tarvitse hankkia. Päinvastoin ihmisen on vain vastaanotettava Hänen valonsa ja oivallettava, että Jumala on jo aivan alusta alkaen suonut hänelle tuon siunatun aseman.

"Niille, jotka uskovat hänen nimeensä": Kun Jumalan nimi kohottaa ihmisen antaumusta ja ankkuroi ajatukset Häneen, siitä tulee pelastuksen ovi. Kun pelkkä Hänen nimensä lausuminen saattaa sielun palamaan rakkaudesta Jumalaan, kilvoittelija astuu vapautuksen tielle.

"Nimen" syvällisempi merkitys on viittaus Kosmiseen Värähtelyyn (Sana, *Aum*, Amen). Jumalalla ei Henkenä ole rajoittavaa nimeä. Puhutaanpa sitten Absoluutista Jumalana tai Jehovana tai Brahmanina tai Allahina, se ei ilmaise Häntä. Jumala, kaiken Luoja ja Isä, värähtelee läpi luonnon ikuisena elämänä, ja tuolla elämällä on suuren Amenen eli *Aumin* ääni. Se nimi määrittää Jumalaa kaikkein täsmällisimmin. "Jotka uskovat hänen nimeensä" tarkoittaa niitä, jotka ovat läheisessä yhteydessä tuohon *Aum*-ääneen, Jumalan ääneen Pyhän Hengen värähtelyssä. Kun ihminen kuulee Jumalan nimen, tuon Kosmisen Värähtelyn, hän on matkalla Jumalan pojaksi, sillä tuossa äänessä hänen tietoisuutensa ulottuu läsnä olevaan Kristus-tietoisuuteen, joka johdattaa hänet Jumalan, Kosmisen Tietoisuuden, luo.

Intian suurin joogan selittäjä, viisas Patanjali, kuvaa Luoja-Jumalaa Ishvarana, Kosmisena Herrana tai Hallitsijana. "Hänen symbolinsa on *Pranava* (pyhä Sana eli Ääni, *Aum*). Kun *Aumia* toistetaan rukoillen ja meditoidaan sen merkitystä, esteet kaikkoavat ja tietoisuus kääntyy sisäänpäin (pois ulkonaisesta, aistimuksiin samaistumisesta)." (*Joogasutrat* 1:27–29.)[3]

❖ ❖ ❖

Varsinaiset Jumalan pojat ovat Isän kirkasta heijastumaa ja vailla tahriutumista harhaan. Heistä on tullut ihmisen poikia samaistuessaan lihaan ja unohtaessaan Hengessä olevan alkuperänsä. Harhainen ihminen on vain kerjäläinen ajan polulla. Mutta kuten Jeesus vastaanotti puhdistuneessa tajunnassaan Kristus-tietoisuuden ja heijasti sitä ja tuli Jumalan pojaksi, samoin myös kuka tahansa ihminen voi joogameditaation avulla kirkastaa mielensä ja saavuttaa timantin kaltaisen mielenlaadun, joka vastaanottaa Jumalan valon ja heijastaa sitä.

❖ ❖ ❖

Menetelmä, jolla saadaan yhteys tähän kosmiseen värähtelyyn, Pyhään Henkeen, on ensi kertaa levinnyt maailmanlaajuisesti täsmällisten *kriya*-joogan meditointitekniikoiden myötä. Pyhän Hengen yhteyden siunauksen turvin inhimillisen tietoisuuden malja laajenee vastaanottamaan Kristus-tietoisuuden valtameren. *Kriya*-joogatieteen harjoitukseen perehtynyt, joka kokee tietoisesti Pyhän Hengen eli Puolustajan läsnäolon ja yhdistyy Poikaan eli immanenttiin Kristus-tietoisuuteen, oivaltaa Isän Jumalan ja astuu sisälle Jumalan äärettömään valtakuntaan.

Kristus ilmestyy täten toista kertaa jokaisen sellaisen antaumuksellisen kilvoittelijan tietoisuudessa, joka hallitsee Pyhään Henkeen yhdistymisen

---

[3] Patanjalin elinaika on tuntematon, joskin monet tutkijat uskovat hänen eläneen toisella vuosisadalla eKr. Hänen tunnetut *Joogasutransa* esittävät lyhyiden aforismien sarjana tiivistetysti jumalyhteyden tavattoman laajan ja hienosyisen tiedon ytimen. Ne tuovat esiin menetelmän sielun yhtymiseksi eriytymättömään Henkeen niin kauniilla, selkeällä ja suppealla tavalla, että tutkijat ovat sukupolvesta toiseen tunnustaneet *Joogasutrat* joogan parhaaksi vanhan ajan teokseksi.

Pyhän Hengen kaste

Korkein, Johannes Kastajan ja kaikkien Itse-oivalluksen mestareiden julistama kaste merkitsee kastamista "Pyhällä Hengellä ja tulella". Tämä merkitsee palvojan täyttymistä Jumalan läsnäololla pyhässä Luovassa Värähtelyssä, jonka aina läsnä oleva kaikkitietävyys kohottaa ja laajentaa palvojan tietoisuutta. Kosmisen elämänenergian tuli suorastaan polttaa pois hänen nykyisten huonojen tapojensa synnit ja menneiden virheellisten tekojensa karmiset seuraukset.

"Puolustajan" kohottavat värähtelyt tuovat syvällistä sisäistä rauhaa ja iloa. Luova Värähtely elävöittää kehon yksilöllisen elämänvoiman, mikä edistää terveyttä ja hyvinvointia ja voidaan tietoisesti suunnata parantavaksi voimaksi jumalallista apua tarvitseville. Älykkään luovuuden lähteenä *Aumin* värähtely innoittaa ihmisen omaa aloitekykyä, nerokkuutta ja tahtoa.

Kun palvoja on yhteydessä Jumalaan – – meditaatiossa, kaikki hänen sydämensä toiveet ovat täyttyneet. Mikään ei ole sen arvokkaampaa, miellyttävämpää tai viehättävämpää kuin Jumalan kaiken tyydyttävä ja aina uusi ilo. – – Se joka kylvettää tajuntansa Pyhässä Hengessä, vapautuu takertumisesta henkilökohtaisiin haluihin ja kohteisiin nauttiessaan kaikesta sisäisellä Jumalan ilolla.

[Paramahansa Yoganandan haltioitunut kokemus hänen ollessaan yhteydessä Aumin, Pyhän Hengen, kosmiseen värähtelyyn:]

"Kun aistihavainnot värähtelevät mielihyvää kehoon, koen raskautta: painava kuorma riippuu sieluni yllä, ja koen ajautuvani alas, aineen tasolle. Mutta oi, kohottava *Aum*, kun Sinä värähtelet sisimmässäni, mitä riemullista iloa ja keveyttä tunnenkaan. Leijailen kehon yläpuolella. Henki vetää minua puoleensa. Oi suuri *Aum, Aumin* vyöryvä valtameri, väreile pitkään sisimmässäni, niin että jään tietoiseksi Sinun äärettömästä läsnäolostasi ja laajennun ja samaistun universaaliin Henkeen. Oi, tämä on Taivaan Ääni. Tämä on Hengen ääni. *Aum*, Sinä olet kaiken elämän lähde, kaikkien universumiin luotujen ilmenemismuotojen lähde. Oi suuri Äitivärähtely, anna minun kokea sisimmässäni Sinut jylisemässä osana kosmista Itseäsi. Ota minut vastaan; tee minut yhdeksi Itsesi kanssa. Älä milloinkaan jätä minua. Vyöry aina sisimmässäni kuin mahtava hengellinen valtameri, kutsuen minua ja paljastaen Sinun valtaisan läsnäolosi. Oi mahtava Värähtely, oi valtaisa Totuus, joka leviät lihani jokaisen atomin läpi, oi ikuinen rauha ja harmonia, ikuinen autuus ja viisaus, tule läsnäolosi myötä, universaalin sointisi myötä! Voi, miten haluankaan hyljätä nämä mitättömät ilot, nämä pienen pienet aistivärähtelyjen pillerit. Kiedo minut värähtelyysi ja ota minut mukaasi jylisevän äänesi myötä. Suo minun olla vapaa lihan kahleista. Anna minun keinua Sinun kaikkitietävän ilosi päättymättömän värähtelyn laineilla, oi suuri *Aum*. Ole kanssani, omista minut, vapauta minut Sinussa."

menetelmän – Pyhään Henkeen, joka suo kuvaamattoman autuaan avun Hengessä.

Selkärangan joogatiede: "Tehkää tie tasaiseksi Herralle"

Raamatun jakeisiin, joissa Johannes Kastaja kuvailee itseään, kätkeytyy hieno ilmoitus jumalyhteyteen vievästä tiestä:

Minä olen huutavan ääni autiomaassa: "Tehkää tie tasaiseksi Herralle", niinkuin profeetta Jesaja on sanonut (Joh. 1:23).

Kun ihmisen aistit ovat kiinnittyneinä ulkopuoliseen, hän on täysin syventynyt aineen monimutkaiseen vuorovaikutukseen luomakunnan levottomassa liikehdinnässä. Vaikka ihmisen silmät olisivat suljetut rukouksessa tai muussa ajatuksiltaan keskittyneessä tilassa, hän pysyy yhä sisäisesti toimeliaana. Todellinen autiomaa, minne eivät tunkeudu kuolevaiset ajatukset, levottomuus tai inhimilliset halut, on aistimuksellisen mielen, alitajuisen mielen ja ylitietoisen mielen tuolla puolen – Hengen kosmisessa tietoisuudessa, äärettömän Autuuden luomattomassa ja tiettömässä "autiomaassa".

❖ ❖ ❖

Kun Johannes kuuli sisäisessä hiljaisuuden autiomaassa kaikkitietävän Kosmisen Äänen, intuitiivinen viisaus käski häntä hiljaa: "Tehkää tie tasaiseksi Herralle." Antakaa Herran, sen Kristus-tietoisuuden, joka on kaikkialla kosmisessa värähtelevässä luomakunnassa, ilmaantua sisimpäänne. Tämä tapahtuu kun jumalalliset metafyysiset elämän ja tietoisuuden keskukset avautuvat kehonne suorassa spinaalikäytävässä ja koette intuitiivisen transsendentaalisen ekstaasin.

❖ ❖ ❖

Ihmisen keho on ainutlaatuinen kaikkien luontokappaleiden joukossa sikäli, että hänellä on jumalallisen tietoisuuden hengellisiä keskuksia aivot-selkäydin-akselilla; ne ovat laskeutuvan Hengen pyhäkkö. Joogit ja pyhä Johannes ovat tunteneet ne. Johannes kuvasi niitä Ilmestyskirjassa seitsemänä sinettinä ja seitsemänä tähtenä ja seitsemänä seurakuntana seitsemine enkeleineen ja seitsemine kultaisine lampunjalkoineen.

❖ ❖ ❖

Joogatutkielmat selittävät selkäydinkeskusten avautumisen luonnollisena tapahtumana, eivät mystisenä poikkeamana. Avautuminen tapahtuu kaikille kilvoittelijoille, jotka löytävät tiensä Jumalan läsnäoloon. Joogan periaatteet eivät tunnusta mitään keinotekoisia uskonnollisten suuntauksien luomia rajoja. Jooga on universaali tiede jumalallisesta yhteydestä sielun ja Hengen, ihmisen ja hänen Luojansa välillä.

Jooga ja Johanneksen ilmestys

"Kirjoita siis, mitä olet nähnyt ja mikä nyt on ja mitä tämän jälkeen on tapahtuva. Niiden seitsemän tähden salaisuus, jotka näit minun oikeassa kädessäni, ja niiden seitsemän kultaisen lampunjalan salaisuus on tämä: ne seitsemän tähteä ovat niiden seitsemän seurakunnan enkelit, ja ne seitsemän lampunjalkaa ovat ne seitsemän seurakuntaa." (Ilm. 1:19–20.)

"Ja minä näin valtaistuimella-istuvan oikeassa kädessä kirjakäärön, sisältä ja päältä täyteen kirjoitetun, seitsemällä sinetillä suljetun. Ja minä näin väkevän enkelin, joka suurella äänellä kuulutti: 'Kuka on arvollinen avaamaan tämän kirjan ja murtamaan sen sinetit?'" (Ilm. 5:1–2.)

Joogatutkielmat esittävät nämä keskukset (nousevassa järjestyksessä) seuraavalla tavalla:

1) *muladhara* (häntäluu, selkärangan pohjalla)
2) *svadhisthana* (ristiluu, pari tuumaa *muladharan* yläpuolella)
3) *manipura* (lantio, napaa vastapäätä)
4) *anahata* (selkä, sydäntä vastapäätä)
5) *vishuddha* (kaula, niskan tyvessä)
6) *ajna* (hengellisen silmän tyyssija, perinteisesti sijoitettu kulmakarvojen väliin; todellisuudessa yhdistynyt polaarisesti ydinjatkeen kanssa)
7) *sahasrara* ("tuhatterälehtinen lootus" aivojen ylimmässä osassa)

Nuo seitsemän keskusta ovat jumalallisesti suunniteltuja ovia tai askelmia, joiden kautta sielu on laskeutunut ruumiiseen ja joiden kautta sen on taas noustava meditaation kehityskulussa. Sielu pelastautuu seitsemällä perättäisellä askeleella Kosmiseen Tietoisuuteen. Joogakirjoitukset viittaavat yleensä kuuteen alempaan keskukseen *chakroina* ('pyörinä', koska keskitetty energia on kussakin kuin napa, josta säteilee elämää antavan valon ja energian säteitä). *Sahasrarasta* puhutaan erikseen seitsemäntenä keskuksena. Kaikkia seitsemää keskusta verrataan kuitenkin usein lootuksiin, joiden terälehdet avautuvat tai kääntyvät ylöspäin hengellisessä heräämisessä elämän ja tietoisuuden kulkiessa selkärankaa ylöspäin.

Jooga kuvaa täsmällisen tavan, jolla Henki laskeutuu Kosmisesta Tietoisuudesta materiaan ja yksilöllisenä ilmentymänä kaikkiin olentoihin. Yksilöllistyneen tietoisuuden täytyy puolestaan lopulta kohota taas Henkeen. On monia uskonnollisia polkuja ja tapoja lähestyä Jumalaa. Viimein ne kuitenkin kaikki johtavat yhdelle lopulliselle valtatielle; sitä pitkin noustaan Hänen yhteyteensä. Sielun vapautumisen tie niistä siteistä, jotka kytkevät sen kehoon ja maalliseen tietoisuuteen, on kaikille yhtäläinen: kuljetaan saman selkärangan "suoran" valtatien kautta, jota myöten sielu laskeutui Hengestä ruumiiseen ja aineeseen.[4]

[4] "Ja siellä on oleva valtatie, ja sen nimi on 'pyhä tie'; sitä ei kulje saastainen – – lunastetut sitä kulkevat. Niin Herran vapahdetut palajavat ja tulevat Siioniin riemuiten, päänsä päällä iankaikkinen ilo. Riemu ja ilo saavuttavat heidät, mutta murhe ja huokaus pakenevat." (Jes. 35:8–10.)

Elämänenergian astraaliruumis

Lääketieteen tohtori Richard Gerber kuvaa sen sähkömagneettisen energian tieteellistä löytämistä, joka muodostaa organisoivan mallipohjan fyysiselle keholle, teoksessaan *Vibrational Medicine* (Bear and Company, Rochester, Vermont 2001): "Neuroanatomi Harold S. Burr oli 1940-luvulla tutkimassa Yalen yliopistossa energiakenttien muotoa elävien kasvien ja eläinten ympärillä." Hän nimesi nuo kentät "elämän kentiksi" eli "L-kentiksi".

"Burrin työhön kuului myös salamantereita ympäröivien sähkökenttien muoto. Hän havaitsi, että salamantereilla oli energiakenttä, joka oli suunnilleen aikuiseksi kasvaneen eläimen muotoinen. Hän huomasi myös, että tässä kentässä oli sähköinen akseli, joka oli liittynyt aivoihin ja selkäytimeen. Burr halusi selvittää täsmällisesti, milloin tämä sähköinen akseli sai alkunsa eläimen kehityksen varrella. Hän alkoi kartoittaa kenttiä salamanterin yhä varhaisempiin sikiövaiheisiin asti. Burr huomasi, että sähköinen akseli sai alkunsa hedelmöitymättömässä munasolussa – – Burr teki kokeita myös pieniä puuntaimia ympäröivillä sähkökentillä. Hänen tutkimustensa mukaan versoa ympäröivä sähkökenttä ei ollut alkuperäisen taimen muotoinen. Sen sijaan ympärillä ollut kenttä muistutti muodoltaan täysikasvuista kasvia."

Professori Burr kuvailee tutkimustaan teoksessa *Blueprint for Immortality: The Electric Patterns of Life* (Saffron Walden, Essex, Englanti 1972): "Useimmat ihmiset muistavat koulun luonnontiedon tunneiltaan, että jos rautajauhetta

Ihmisen tosi luonto on sielu, Hengen säde. Koska Jumala on ikuisesti olemassa oleva, ikuisesti tietoinen, alati uusi Autuus, niin sielu on kehon sisälle yksilöitynyt ikuisesti olemassa oleva, ikuisesti tietoinen, alati uusi Autuus. Sielun ruumiillinen peite on luonteeltaan kolminkertainen. Se fyysinen keho, johon ihminen niin tunteenomaisesti ja itsepintaisesti samaistaa itsensä, ei ole juuri muuta kuin elotonta ainetta, maan mineraaleista ja kemikaaleista muodostunut karkeiden atomien tomumaja. Fyysinen keho saa elävöittävän energiansa ja voimansa sisäiseltä säteilevältä astraalikeholta, joka koostuu "elontroneista". Astraalikehoa vuorostaan ylläpitää puhtaan tietoisuuden kausaalikeho. Se käsittää kaikki ne ideat tai periaatteet, jotka ohjaavat ja ylläpitävät astraalisia ja fyysisiä kehollisia instrumentteja; jälkimmäisiä ihminen tarvitsee ollakseen vuorovaikutuksessa Jumalan luomakunnan kanssa.

> sirotellaan magneetin päällä olevalle paperiarkille, jauhe järjestäytyy magneettikentän 'voimaviivojen' mukaisesti. Ja jos jauhe heitetään pois ja paperille ripotellaan uutta, tuo uusi jauhe omaksuu saman muodon kuin entinen.
>
> "Ihmiskehossa tapahtuu jotain tämän kaltaista – joskin äärettömän paljon monimutkaisempaa. Sen molekyylit ja solut hajoavat jatkuvasti ja rakentuvat uudelleen syömämme ruoan tuomasta uudesta materiaalista. Mutta ohjaavien L-kenttien ansiosta uudet molekyylit ja solut järjestäytyvät samaan malliin kuin vanhatkin.
>
> "Uusi tutkimus 'merkittyine' elementteineen on paljastanut, että kehomme ja aivojemme ainekset uusiutuvat paljon useammin kuin aikaisemmin tajuttiin. Esimerkiksi koko kehomme proteiini 'myllertyy uusiksi' kerran kuudessa kuukaudessa, ja joissakin elimissä, kuten maksassa, proteiini uusiutuu paljon tiheämmin. Kun tapaamme ystävän, jota emme ole nähneet puoleen vuoteen, hänen kasvoissaan ei ole ainuttakaan molekyyliä, joka oli niissä nähdessämme hänet edellisen kerran. Kiitos hänen ohjaavan L-kenttänsä uudet molekyylit ovat asettuneet vanhaan, tuttuun malliin, ja pystymme tunnistamaan hänen kasvonsa. Siihen saakka kunnes uudet tutkimusvälineet paljastivat ohjaavien L-kenttien olemassaolon, biologit eivät pystyneet selittämään, miten kehomme 'pitää muotonsa' taukoamattoman aineenvaihdunnan ja materiaalin vaihdoksen kuluessa. Mysteeri on nyt ratkennut. Kehon sähködynaaminen kenttä palvelee mallina tai muottina, joka säilyttää kaiken sen materiaalin 'muodon' tai järjestyksen, mitä siihen virtaa, vaihtuupa materiaali kuinka usein tahansa." *(Julkaisijan huomautus)*

Nuo kolme kehoa ovat toisiinsa sidoksissa ja toimivat kuin yksi, sillä elämänvoima ja tietoisuus kytkeytyvät yhteen seitsemässä hengellisessä aivot–selkäydin-akselin keskuksessa: fyysinen keho elävöityy astraalikehon elämänvoimasta ja tietoisuus kausaalikehosta käsin. Majaillessaan kolmiyhteisessä kehossa sielu omaksuu vankeuden rajoitukset ja muuttuu pseudosieluksi eli egoksi.

Elämänvoima ja tietoisuus laskeutuvat ensin tietoisuuden kausaalikehoon magnetisoituneen tietoisuuden kausaaliselkäytimen keskusten kautta. Sitten laskeutuminen jatkuu astraalikehon ihmeellisiin valon ja voiman selkäydinkeskuksiin, ja vihdoin aivojen ja selkäytimen kautta fyysiseen kehoon ja ulospäin hermojärjestelmään ja elimiin sekä aisteihin, minkä ansiosta ihminen havaitsee maailman ja on vuorovaikutuksessa aineellisen ympäristönsä kanssa.

Elämänvoiman ja tietoisuuden suuntautuminen ulospäin selkärangan ja hermojen kautta saa ihmisen havaitsemaan ja ymmärtämään vain aisti-ilmiöitä. Koska tarkkaavaisuus on ihmisen elämänvirtojen ja tietoisuuden johdattaja, tunnon, hajun, maun, äänen ja näön aistimuksia hellivät ihmiset huomaavat elämänvoimansa ja tietoisuutensa valokeilan keskittyvän materiaan.

Jos taas huomio on itsehallinnan avulla keskittynyt meditaatiossa vakaasti jumalallisen oivalluksen keskukseen kulmakarvojen välissä olevaan kohtaan, elämänvoiman ja tietoisuuden valokeilat ovat kääntyneet sisäänpäin. Aisteista pois vetäytyneinä ne paljastavat hengellisen silmän valon. – – Tämän kaikkiallisen silmän läpi kilvoittelija saapuu jumalallisen tietoisuuden alueille.

❖ ❖ ❖

Meditoinnin ja antaumuksen oikealla menetelmällä, silmät suljettuina ja keskittyneenä hengelliseen silmään, kilvoittelija kolkuttaa taivaan portteja. Kun silmät ovat keskittyneet ja rauhoittuneet ja hengitys sekä mieli tyyntyneet, otsan kohdalle alkaa muodostua valoa. Viimein tulee syvän keskittyneisyyden myötä näkyviin hengellisen silmän kolmivärinen valo.[5] Pelkkä hengellisen eli "yhden" silmän näkeminen ei riitä. Jumalan palvojan

---

[5] "Silmä on ruumiin lamppu. Jos siis silmäsi on yksi, niin koko sinun ruumiisi on valaistu." (Matt. 6:22.)*

on vaikeampaa kulkea tuohon valoon. Mutta *kriya*-joogan kaltaisten jalojen menetelmien harjoituksella tietoisuus johdatetaan sisälle hengelliseen silmään, valtavien mittasuhteiden toiseen maailmaan.

Hengellisen silmän kultaisessa sädekehässä koko luomakunta oivalletaan Pyhän Hengen värähtelevänä valona. Kristus-tietoisuuden sinisessä valossa enkelit ja Jumalan yksilöityneiden luomis-, säilyttämis- ja hajottamisvoimien jumalolennot majailevat – kuten myös edistyneimmät pyhimykset. Kilvoittelija astuu hengellisen silmän valkoisen valon kautta Kosmiseen Tietoisuuteen: hän nousee Isän Jumalan luo.

❖ ❖ ❖

Intian joogit (ne jotka etsivät yhteyttä Jumalaan joogan perinnäisten tieteellisten metodien avulla) pitävät äärettömän tärkeänä selkärangan säilyttämistä suorana meditoinnin aikana sekä keskittymistä kulmakarvojen väliseen kohtaan. Meditoinnin aikana taivuksissa oleva selkäranka luo todellisen vastuksen elämänvirtojen kääntämiseksi ylöspäin, kohti hengellistä silmää. Taipunut selkäranka vie selkänikamat pois ojennuksesta ja puristaa hermoja, salvaten elämänvoiman kehotietoisuuden ja mielen rauhattomuuden totunnaiseen tilaan.

Israelin kansa etsi Kristusta fyysisestä hahmosta. Niinpä Johannes Kastaja vakuutti heitä sellaisen ihmisen tulosta, jossa Kristus ilmenee. Mutta hän kertoi heille myös syvällisellä tavalla, että jokaisen, joka halusi aidosti tulla tuntemaan Kristuksen, täytyi vastaanottaa hänet kohottamalla tietoisuutensa meditaatiossa ylöspäin selkärankaa ("Herran tietä") pitkin.

Johannes painotti, että pelkkä Jeesuksen Kristuksen ruumiin palvominen ei ollut tie hänen tuntemiseensa. Jeesuksessa ruumiillistunut Kristus-tietoisuus pystyttiin oivaltamaan vain herättämällä selkärangan astraaliset keskukset, kulkemalla suoraa taivaaseen astumisen tietä. Tällä tavalla voitaisiin intuitiolla kokea se metafyysinen Kristus-tietoisuus, joka oli Jeesuksen kehossa.

Johannes Kastaja käytti mukaillen profeetta Jesajan sanoja; tämä osoittaa molempien tietäneen, että Kristus-tietoisuus, äärettömän värähtelevän luomakunnan Herra, voitiin toivottaa tervetulleeksi ihmisen omaan tietoisuuteen vain meditaatiossa auenneen selkärangassa kulkevan suoran valtatien kautta.

Jesaja, Johannes ja joogit tiesivät kaikki sen, että Kristuksen vastaanottamiseksi on tarpeen enemmän kuin vain yksinkertainen fyysinen yhteys Kristuksen kaltaiseen henkilöön. On tiedettävä, kuinka meditoida – kuinka kääntää huomio aistien häiriötekijöistä ja kuinka pitää tietoisuus kiinnittyneenä hengellisen silmän alttariin, missä Kristus-tietoisuus on otettavissa vastaan sen kaikessa loistossa.[6]

❖ ❖ ❖

Jokainen tosi uskonto johdattaa Jumalan luo, mutta toiset polut vaativat enemmän aikaa, kun taas toiset ovat lyhyempiä. Noudattipa ihminen mitä tahansa Jumalan innoittamaa uskontoa, sen uskomukset tulevat sulautumaan yhteen ja samaan yhteiseen Jumala-kokemukseen. Jooga on yhdistävä polku, jota seuraavat kaikki tosiuskovaiset taivaltaessaan lopulta Jumalan tykö. Ennen kuin Jumala voidaan saavuttaa, täytyy tapahtua "katumus", joka kääntää tietoisuuden harhaan johtavasta materiasta sisäiseen Jumalan valtakuntaan. Tämä sisäistäminen vetää elämänvoiman ja mielen sisäänpäin, kohoamaan selkärangan hengellistävien keskusten kautta jumaloivalluksen korkeimpiin tiloihin. Lopullinen Jumalaan yhtyminen ja sen vaiheet ovat universaaleja. Sitä on myös jooga, uskonnon tiede. Erilaiset kiertopolut kohtaavat Jumalan valtatiellä, ja tuo valtaväylä kulkee selkärangan kautta. Tie ylittää kehotietoisuuden ja johtaa äärettömään jumalalliseen valtakuntaan.

❖ ❖ ❖

Hengellistä totuutta ja viisautta ei löydy papin sanoista tai saarnoista vaan sisäisen hiljaisuuden "autiomaasta". Sanskritinkieliset kirjoitukset kertovat: "On olemassa monia viisaita kirjoituksineen ja ilmeisen ristiriitaisine hengellisine tulkintoineen, mutta uskonnon todellinen salaisuus on luolaan kätketty." Tosi uskonto majailee sisimmässä, hiljaisuuden luolassa, tyynen

---

[6] Ilmaisipa taivaallinen tähti tietäjille mitä tahansa, juuri tuon korkeamman voiman, "itäisen tähden", välityksellä he tiesivät Kristus Jeesuksen tulosta maan päälle. Hengellisen silmän, sielun intuitiivisen jumalallisen tietämyksen, kaiken paljastava valo sijaitsee kehon "idässä" – Kristus-tietoisuuden syvällisessä hengellisessä keskuksessa otsassa, kahden fyysisen silmän välissä.

intuitiivisen viisauden luolassa, hengellisen silmän luolassa. Keskittymällä kulmakarvojen väliseen kohtaan ja kaivautumalla äänettömyyden syvyyksiin loistavassa hengellisessä silmässä voi löytää vastauksia sydämen kaikkiin uskonnollisiin kyselyihin. "Mutta Puolustaja, Pyhä Henki – – opettaa teille kaikki" (Joh. 14:26).

Jooga antaa todellisen henkikasteen

Taivaaseenastumisen tie ilmaistiin Jeesuksen kasteessa. Evankeliumissa pyhän Matteuksen mukaan se on kerrottu näin:

Kun Jeesus oli kastettu, nousi hän kohta vedestä, ja katso, taivaat aukenivat, ja hän näki Jumalan Hengen tulevan alas niinkuin kyyhkysen ja laskeutuvan hänen päällensä. Ja katso, taivaista kuului ääni, joka sanoi: "Tämä on minun rakas Poikani, johon minä olen mielistynyt." (Matt. 3:16-17.)

Kun ihminen saa kasteen uppoamalla Hengen valoon, hän voi nähdä kehon mikrokosmisen hengellisen silmän kokien samalla laskeutuvan kosmisen kolmiyhteisen Hengen valon. Jeesuksen kasteessa tämä on kuvattu metaforisesti kyyhkysen laskeutumisena "hänen päällensä". Kyyhkynen symboloi hengellistä silmää, jonka syvällisesti meditoivat kilvoittelijat näkevät Kristus-tietoisuuden keskuksessa otsassa, kahden fyysisen silmän välissä.

Tämä valon ja tietoisuuden silmä tulee näkyviin kultaisena aurana (Pyhän Hengen värähtelynä), joka ympäröi opaalinsinistä sfääriä (Kristus-tietoisuutta), ja valon keskustassa on kirkkaan valkean valon viisisakarainen tähti (portti Hengen Kosmiseen Tietoisuuteen).

Hengellisessä silmässä olevaa Jumalan kolminkertaista valoa symboloidaan kyyhkysellä, koska se tuo kestävän rauhan. Lisäksi hengelliseen silmään katsominen luo ihmisen tietoisuuteen puhtautta, jota kyyhkynen myös kuvaa.

Symbolisen kyyhkysen suu edustaa hengellisen silmän tähteä, salattua ovea Kosmiseen Tietoisuuteen. Kyyhkysen kaksi siipeä edustavat Kosmisesta Tietoisuudesta säteilevää kahta tietoisuuden sfääriä: hengellisen silmän sininen valo on subjektiivisen Kristus-Intelligenssin mikrokosmos koko luomakunnassa, ja hengellisen silmän kultainen valokehä on mikrokosminen objektiivinen kosminen energia, Kosminen Värähtely eli Pyhä Henki.

❖ ❖ ❖

Saadessaan Hengeltä kasteen Pyhän Hengen muodossa Jeesus näki hengellisen silmän valon laskeutuvan makrokosmisesta Jumalallisesta Valosta. Tästä lähti *Aum*-ääni, älykäs, kaikkea luova taivaallinen ääni, joka värähteli ymmärrettävänä äänenä:

"Sinä olet Minun Poikani, olet kohottanut tietoisuutesi ruumiin ja kaiken aineellisen rajoituksista oivaltamaan itsesi yhdeksi Minun täydellisen heijastumani kanssa, Minun ainosyntyisen kuvani kanssa, joka on läsnä kaikessa ilmenneessä. Minä olen Autuus, ja ilmaisen iloani sinun iloitessasi kaikkiallisuuteeni virittyneenä."

Jeesus koki tietoisuutensa virittyneen yhteen Kristus-tietoisuuden kanssa, tuon Isän Jumalan "ainosyntyisen" heijastuman kanssa Pyhässä Värähtelyssä. Hän tunsi ensin ruumiinsa koko värähtelevänä luomakuntana, johon hänen vähäinen kehonsakin lukeutui. Sitten hän koki koko luomakunnan käsittävässä kosmisessa ruumiissaan yksetensä Jumalan Läsnäolon kanssa äärettömänä Kristus-tietoisuutena eli Universaalina Intelligenssinä, autuaan Jumalallisen Rakkauden magneettisena aurana. Tuossa Jumalallisessa Rakkaudessa kaikki oleva on Jumalan läsnäolossa.

❖ ❖ ❖

Kriya-joogan menetelmässä edistyneet kilvoittelijat voivat syvimmässä meditaatiossa kokea laajentumista *Aum*-värähtelyssä, "Äänessä taivaasta", sekä pystyvät seuraamaan, kuinka Hengen mikrokosminen valo kulkee selkärangan "suoraa tietä" hengellisen silmän valoon "kyyhkysen laskeutuessa taivaalta". – –

Ihminen näkee kahden fyysisen silmänsä välityksellä vain kehonsa ja pienen osan maailmaa kerrallaan. Mutta todelliselta gurulta saatu hengellinen kaste eli vihkimys laajentaa tietoisuutta. Jokainen, joka pystyy Jeesuksen tavoin näkemään hengellisen kyyhkysen laskeutuvan ylleen – toisin sanoen kuka tahansa, joka kykenee katsomaan kaikkiallista kaikkitietävyyden hengellistä silmäänsä – ja periksi antamatta syventämään meditaatiotaan ja viemään katseensa tuon valon läpi, on oivaltava koko Kosmisen Energian valtakunnan ja Jumalan tietoisuuden, joka on läsnä Kosmisen Energian Valtakunnassa ja sen tuolla puolen, Hengen Äärettömässä Autuudessa.

II OSA

"Yksi tie" vai universaalisuus?

Jeesuksen opetukset "uudestisyntymisestä", taivaaseen pääsystä ja "Hänen nimeensä uskomisesta"

Kristus 33 vuoden iässä

"Teidän on annettu tuntea taivasten valtakunnan salaisuudet…"

Luku 4

"Toinen syntymä": sielun intuitiivisen kyvyn herääminen

Jeesuksen vertausten kätketyt totuudet

Niin hänen opetuslapsensa tulivat ja sanoivat hänelle: "Minkätähden sinä puhut heille vertauksilla?" Hän vastasi ja sanoi: "Sentähden, että teidän on annettu tuntea taivasten valtakunnan salaisuudet, mutta heidän ei ole annettu.
– – Sentähden minä puhun heille vertauksilla, että he näkevin silmin eivät näe ja kuulevin korvin eivät kuule, eivätkä ymmärrä." (Matt. 13:10, 11, 13.)

Kun opetuslapset kysyivät Jeesukselta, miksi hän opetti kansaa vertausten verhotulla kuvakielellä, hän vastasi: "Koska on niin määrätty, että te minun todellisina oppilainani, eläen pyhitettyä hengenelämää ja sovittaen tekonne minun opetusteni mukaisiksi, ansaitsette meditaatioissanne savuttamanne sisäisen heräämisen nojalla ymmärryksen taivaan salattujen mysteerien totuudesta sekä siitä, kuinka saavutetaan Jumalan valtakunta eli Kosminen Tietoisuus, joka kätkeytyy värähtelevän luomakunnan ja sen kosmisen harhan tuolle puolen.

"Mutta tavalliset ihmiset ovat vastaanottokyvyltään valmistautumattomia. He eivät kykene ymmärtämään eivätkä harjoittamaankaan syvempiä viisaustotuuksia. Vertauksista he poimivat ymmärryksensä mukaan yksinkertaisempia totuuksia siitä viisaudesta, jota heille tarjoan. Soveltamalla käytännön elämässä sitä, minkä pystyvät vastaanottamaan, he vähitellen edistyvät kohti pelastusta." – –

Miten vastaanottavaiset sitten oivaltavat totuuden, kun taas vastaanottamattomat "näkevin silmin eivät näe ja kuulevin korvin eivät kuule, eivätkä ymmärrä"? Taivaan ja Jumalan valtakunnan perimmäiset totuudet ovat todellisuus, joka majailee aistihavaintojen takana ja järkeilevän mielen ajattelukyvyn tuolla puolen. Se voidaan päästä tajuamaan vain intuition avulla – herättämällä sielun intuitiivinen oivalluskyky, puhdas ymmärrys.

❖ ❖ ❖

Mutta oli mies, fariseusten joukosta, nimeltä Nikodeemus, juutalaisten hallitusmiehiä. Hän tuli Jeesuksen tykö yöllä ja sanoi hänelle: "Rabbi, me tiedämme, että sinun opettajaksi tulemisesi on Jumalasta, sillä ei kukaan voi tehdä niitä tunnustekoja, joita sinä teet, ellei Jumala ole hänen kanssansa."

Jeesus vastasi ja sanoi hänelle: "Totisesti, totisesti minä sanon sinulle: joka ei synny uudesti, ylhäältä, se ei voi nähdä Jumalan valtakuntaa".

Nikodeemus sanoi hänelle: "Kuinka voi ihminen vanhana syntyä? Eihän hän voi jälleen mennä äitinsä kohtuun ja syntyä?"

Jeesus vastasi: "Totisesti, totisesti minä sanon sinulle: jos joku ei synny vedestä ja Hengestä, ei hän voi päästä sisälle Jumalan valtakuntaan. Mikä lihasta on syntynyt, on liha; ja mikä Hengestä on syntynyt, on henki. Älä ihmettele, että minä sanoin sinulle: teidän täytyy syntyä uudesti, ylhäältä. Tuuli puhaltaa, missä tahtoo, ja sinä kuulet sen huminan, mutta et tiedä, mistä se tulee ja minne se menee; niin on jokaisen, joka on Hengestä syntynyt." (Joh. 3:1–8.)

Nikodeemus vieraili Jeesuksen luona salaa yöllä, koska pelkäsi yhteisön arvostelua. Hänen asemassaan olevalta oli rohkea teko lähestyä kiisteltyä opettajaa ja tunnustaa uskovansa Jeesuksen jumalalliseen suuruuteen. Hän ilmaisi kunnioittavasti vakaumuksensa, että vain varsinaisen Jumala-yhteyden omaava mestari saattoi hallita toiminnassaan niitä ylimpiä lakeja, jotka vallitsevat kaikkien olentojen ja asioiden sisäisessä elämässä.

Vastauksessaan Kristus ohjasi Nikodeemuksen huomion suorasukaisesti kaikkien luomakunnan ilmiöiden taivaalliseen Alkuperään – maallisten yhtä lailla kuin "ihmeenomaisten". Hän osoitti ytimekkäästi, että kuka tahansa voi olla yhteydessä tähän Lähteeseen ja tuntea ihmeet, jotka sieltä virtaavat, juuri kuten Jeesus itse, läpikäymällä hengellisen "toisen syntymän": sielun intuition heräämisen.

Pinnallisen uteliaat kasanjoukot viehättyivät uskomattomista ihmeteoista ja vastaanottivat vain niukasti Jeesuksen viisauden aarteita, mutta

Nikodeemuksen osoittama vilpittömyys sai Mestarin antamaan hänelle määrätietoista ohjausta. Jeesus painotti Ylintä Voimaa ja päämäärää, joihin ihmisen tulisi keskittyä. Mielen valaisevat viisauden ihmeet ovat korkeampia kuin fyysisen parantumisen ja luonnon alistamisen ihmeet. Ja vielä näitä suurempi ihme on parantuminen kaikenlaisen kärsimyksen alkujuuresta: harhaisesta tietämättömyydestä, joka pimittää ihmissielun ja Jumalan välisen ykseyden. Tämä alkuperäinen unohdus kukistetaan ainoastaan Itse-oivalluksen avulla, intuitiivisella voimalla, jolla sielu ymmärtää välittömästi oman luontonsa yksilöityneenä henkenä ja tajuaa Hengen kaiken sisimpänä olemuksena.

Kaikki maailman aidot ilmoitetut uskonnot perustuvat intuitiiviseen tietoon. Kullakin on eksoteerinen eli ulkoinen erityisleima ja esoteerinen eli sisäinen ydin. Eksoteerinen puoli on julkikuva, joka käsittää moraaliohjeita sekä opinkappaleiden, dogmien, tieteellisten tutkielmien, sääntöjen ja käytäntöjen pääsisällyksen sen kannattajien suurten joukkojen opastukseksi. Esoteerinen puoli käsittää menetelmiä, jotka opettavat sielua luomaan tosiasiallisen yhteyden Jumalaan. Eksoteerinen puoli on monia varten; esoteerinen on vain harvoille palaville uskovaisille. Juuri uskonnon esoteerinen puoli johtaa intuitioon, todellisuuden välittömään tietämykseen.

Upanisadeissa ja kuudessa metafyysisen tiedon klassisessa järjestelmässä esitetään yhteenveto muinaisen Intian vedalaisesta filosofiasta, ylväästä *sanatana dharmasta*, ja samoin se esitetään oivallisesti kiteytettynä *Bhagavadgitassa*. Se perustuu Transsendentin Todellisuuden intuitiiviseen oivaltamiseen. Buddhalaisuus puoltaa erilaisine mielenhallinnan ja meditaation syventämisen menetelmineen intuitiivista tietämystä *nirvanan* transsendenssin oivaltamiseksi. Islamin sufilaisuus tukeutuu sielun intuitiiviseen mystiseen kokemukseen.[1] Juutalaisten uskonnon piirissä olevat esoteeriset opetukset pohjautuvat jumaluuden sisäiseen kokemiseen, mikä ilmeni runsain mitoin jumalvalaistuksen saaneiden Raamatun profeettojen perinnössä. Kristuksen opetukset ovat tuon oivalluksen täydellistä ilmaisua.

---

[1] Katso Paramahansa Yoganandan *Wine of the Mystic: The Rubaiyat of Omar Khayyam – A Spiritual Interpretation* (julkaissut Self-Realization Fellowship).

Apostoli Johanneksen Ilmestyskirja on merkittävä paljastus sielun intuitiivisesta, metaforaan verhottujen syvimpien totuuksien oivaltamisesta.

❖ ❖ ❖

"Toinen syntymä", välttämättömyys, josta Jeesus puhuu, suo meille pääsyn totuuden intuitiivisen oivaltamisen alueelle. Uudesta testamentista ei löytyne kirjoitettuna sanaa "intuitio", mutta se on täynnä viittauksia intuitiiviseen tietoon. Nikodeemuksen vierailua kuvaavat kaksikymmentäyksi jaetta esittävät itämaisille kirjoituksille ominaisella nasevalla ja tiiviillä tavalla Jeesuksen monitahoiset esoteeriset opetukset, jotka koskevat autuaan jumalallisen tietoisuuden äärettömän valtakunnan saavuttamista käytännössä.

Nämä jakeet on laajalti tulkittu tueksi sellaisille opinkappaleille kuin että ruumiillinen vesikaste on edellytys Jumalan valtakuntaan pääsylle kuoleman jälkeen (Joh. 3:5), että Jeesus on ainut Jumalan poika (Joh. 3:16), että pelkkä "usko" Jeesukseen riittää pelastukseen ja että kaikki ne ovat tuomittuja, jotka eivät näin usko (Joh. 3:17–18).

Tuollainen eksoteerinen eli ulkokohtainen kirjoitusten lukutapa hukuttaa uskonnon universaalisuuden opinkäsityksiin. Ykseyden laaja näkymä aukenee esoteerisen eli sisäisen totuuden ymmärtämisen myötä.

❖ ❖ ❖

" – – joka ei synny uudesti, ylhäältä, se ei voi nähdä Jumalan valtakuntaa".

Tämä Jeesuksen sanavalinta kertoo hänen perehtyneisyydestään jälleensyntymisen itäiseen hengelliseen oppijärjestelmään. Yksi tästä lausumasta urkeneva merkitys on, että sielun on määrä syntyä toistuvasti erilaisiin ruumiisiin, kunnes se taas herää oivaltamaan myötäsyntyisen täydellisyytensä. On turha toivo uskoa, että sielu ruumiillisessa kuolemassa automaattisesti siirtyisi iankaikkiseen enkelimäiseen olomuotoon taivaaseen. Ellei ihminen saavuta täydellisyyttä karsimalla karman (ihmisen tekojen seurausten) kuonan sielunsa yksilöllistyneestä jumalakuvasta, hän ei voi päästä Jumalan valtakuntaan.[2] Tavallinen ihminen luo jatkuvasti uutta karmista sidonnaisuutta väärillä teoillaan ja materiaalisilla haluillaan edellisten inkarnoitumisten kasautuvien vaikutusten lisäksi. Tällöin hän ei voi vapauttaa sieluaan yhdessä eliniässä. Tarvitaan monta elämänikää fyysistä, henkistä ja hengellistä kehitystä ennen kuin vapaudutaan karmisista sidonnaisuuksista, jotka kammitsoivat sielun intuition. Ilman tuota puhdasta oivallusta ihminen "ei voi nähdä Jumalan valtakuntaa".

Jeesuksen Nikodeemukselle lausumien sanojen tärkein sisällys sijoittuu jälleensyntymiseen vihjaavan viittauksen taakse. Tämä selvenee Nikodeemuksen pyynnöstä saada lisää selitystä siitä, kuinka *aikuinen* voisi päästä Jumalan valtakuntaan: Täytyykö hänen mennä taas äitinsä kohtuun ja syntyä uudelleen? Jeesus selittää seuraavissa jakeissa yksityiskohtaisemmin, kuinka ihminen voi "uudestisyntyä" tässä nykyisessä ruumiillistumassaan – miten sielu lihaan ja aisteihin leimautuneena voi meditaation avulla saada uuden syntymän Kosmisessa Tietoisuudessa.

❖ ❖ ❖

"Jos joku ei synny vedestä ja Hengestä, ei hän voi päästä sisälle Jumalan valtakuntaan."

"Vedestä syntymistä" on tavallisesti tulkittu siten, että vesikasteen ulkonainen rituaali – uudestisyntymisen symbolina – olisi tarpeen, jotta ihminen olisi kelvollinen Jumalan valtakuntaan kuolemansa jälkeen. Jeesus ei kuitenkaan tarkoittanut *uudesti*syntymisen edellyttävän vettä. "Vesi" merkitsee tässä protoplasmaa. Keho koostuu enimmäkseen vedestä ja aloittaa maallisen olemassaolonsa äidin kohdun lapsivedessä. Vaikka sielun on läpikäytävä syntymän luonnollinen prosessi, jonka Jumala on luonut biologisten lakiensa välityksellä, fyysinen syntyminen ei riitä ihmiselle edellytykseksi Jumalan valtakunnan näkemiseen tai sen sisälle pääsemiseen.

Tavanomainen tietoisuus on sidoksissa lihaan, ja ihminen voi fyysisen silmäparinsa avulla nähdä vain maapallonsa pikkuriikkisen leikkitalon ja sitä ympäröivän tähtiavaruuden. Kehoon sidotut sielut eivät

---

[2] "Olkaa siis te täydelliset, niinkuin teidän taivaallinen Isänne täydellinen on" (Matt. 5:48).

havaitse viiden aistinsa ulkoisten ikkunoiden kautta rajallisen aineen tuolla puolen olevia ihmeitä.

Kun ihminen on korkealla yläilmoissa lentokoneessa, hän ei näe rajoja, vain avaruuden ja vapaan taivaan rajattomuuden. Mutta jos hän on suljettuna huoneeseen, ympärillään ikkunattomat seinät, hän kadottaa näkymän avaruudesta.

Vastaavasti, kun ihmisen sielu on lähetetty Hengen äärettömyydestä aistien rajoittamaan kuolevaiseen ruumiiseen, hänen ulkoiset kokemuksensa supistuvat aineen rajallisuuteen. Niinpä Jeesus viittasi siihen tosiasiaan, kuten nykyajan tiedemiehet asian ilmaisisivat, että pystymme näkemään ja tietämään vain niin paljon kuin rajallisten aistien ja järjen avulla on mahdollista.

Jeesus tarkoitti sanoillaan, että aivan samoin kuin etäisiä tähtiä ei voida nähdä kahden tuuman kaukoputkella, ihminen ei kykene näkemään tai tietämään Jumalan taivaallisesta valtakunnasta mitään mielensä ja aistiensa typistyneen voiman avulla. Mutta 200-tuumaisen teleskoopin avulla ihminen pystyy tähyämään runsastähtisen avaruuden huimiin ulottuvuuksiin. Samalla tavoin kehittäessään intuitiivista oivalluskykyään meditaation avulla hän näkee Jumalan kausaali- ja astraalivaltakunnan sekä pääsee sinne – ajatusten, tähtien ja sielujen syntysijoille.

Jeesus opettaa: kun ihmisen sielu on inkarnoitunut – syntynyt vedestä eli protoplasmasta – hänen tulisi ylittää kehon maalliset rasitteet itseään kehittämällä. Hänen valaistunut tietoisuutensa voi päästä Jumalan valtakuntaan herättämällä "kuudennen aistin", intuition, ja avaamalla hengellisen silmänsä. Keho säilyy samana tässä toisessa syntymässä, mutta sielun tietoisuus ei ole sidoksissa aineellisuuden tasolle vaan on vapaa vaeltamaan Hengen rajattomassa, iäti riemukkaassa valtakunnassa.

Jumala tarkoitti, että hänen ihmislapsensa eläisivät maan päällä oivaltaen sen Hengen, joka elähdyttää koko luomakunnan, ja siten nauttisivat Hänen unidraamastaan kosmisena näytäntönä. Jumalan erityisenä luomistyönä ihmisen keho – elävistä luontokappaleista ainoana – varustettiin välineillä ja kyvyillä, joita tarvitaan ilmentämään täysin sielun jumalallisia mahdollisuuksia. Mutta ihminen unohtaa Saatanan harhauttamana

"Toinen syntymä": sielun intuitiivisen kyvyn herääminen

korkeammat lahjansa ja jää sidoksiin rajalliseen lihalliseen olemukseensa ja sen kuolevaisuuteen.

Hengen yksilöllistyneissä sieluissa Henki paljastaa yhä enemmän tietämyksensä voimaa kehityksen perättäisissä vaiheissa: tiedostamattomana reaktiona mineraaleissa, tuntona kasvien elämässä, vaistonvaraisen tuntevana tietona eläimissä, älynä, järkenä ja kehittymättömänä, itseään havainnoivana intuitiona ihmisessä sekä puhtaana intuitiona täysin valaistuneessa ihmisessä.

On sanottu, että sielu päätyy lopulta syntymään ihmiseksi kuljettuaan kuin tuhlaajapoika perättäisiä evoluution askelmia ylöspäin eri inkarnaatioiden läpi kahdeksan miljoonan elämän verran. Alun alkaen ihmisolennot olivat puhtaita Jumalan lapsia. Pyhimyksiä lukuun ottamatta kukaan ei tunne Aadamin ja Eevan nauttimaa jumalallista tietoisuutta. Aina syntiin lankeemuksesta eli itsenäisyytensä väärinkäytöstä lähtien ihminen on menettänyt tuon tietoisuuden samaistumalla lihalliseen egoonsa ja sen maallisiin haluihin. Jotkut ihmiset ovat jopa enemmänkin vaiston varassa toimivien eläinten kuin älyllisesti reagoivien ihmisolentojen kaltaisia. He ovat niin materiaalisesti suuntautuneita, että kun tulee puhe ruoasta tai seksistä tai rahasta, he ymmärtävät ja reagoivat refleksinomaisesti, kuten Pavlovin kuuluisa sylkeä erittävä koira. Jos sen sijaan yrittää virittää heidän kanssaan mielekkään filosofisen ajatustenvaihdon Jumalasta tai elämän mysteeristä, heidän ymmärtämätön reaktionsa on sen tapainen ikään kuin heidän keskustelukumppaninsa olisi hullu.

Hengellinen ihminen yrittää vapautua aineellisuudesta, joka on syynä hänen tuhlaajapoikavaellukseensa jälleensyntymien sokkeloissa, mutta tavallinen ihminen ei tahdo muuta kuin maallisen olemassaolonsa kohennusta. Kuten vaisto sulkee eläimen määrättyjen rajojen sisälle, samoin järkeily rajoittaa ihmistä, joka ei yritä tulla valaistuneeksi kehittämällä intuitiotaan. Jos ihminen palvoo ainoastaan järkeä eikä ymmärrä intuitiivisen kykynsä mahdollisuuksia – vain intuition avulla ihminen pystyy tuntemaan itsensä sieluna – hän jää lähinnä järjelliseksi eläimeksi. Tällöin hän ei pääse kosketuksiin sen hengellisen perinnön kanssa, joka on hänen syntymäoikeutensa.

❖ ❖ ❖

Lihasta syntyneellä keholla on lihan rajoitteet, kun taas Hengestä syntyneellä sielulla on rajattomien kykyjen mahdollisuus. Meditaation avulla ihmisen tietoisuus siirtyy kehosta sieluun, ja sielun intuitiivisesta kyvystä johtuen hän ei koe olevansa kuolevainen keho (ulkoisen luonnon ilmiö) vaan kuolematon tietoisuus, joka on yhtä syvällisen Jumalallisen Olemuksen kanssa.

❖ ❖ ❖

Ihminen pysyy lujasti vakuuttuneena siitä, että hän on pohjimmiltaan keho, vaikka saa päivittäin todisteita päinvastaisesta. Joka yö unessa, "pienessä kuolemassa", hän lakkaa samaistumasta fyysiseen hahmoonsa ja syntyy uudelleen näkymättömänä tajuntana. Miksi ihmisen on pakko nukkua? Koska nukkuminen muistuttaa häntä siitä, mitä on unitilan tuolla puolen – siellä on sielun tila. Maallista olemassaoloa ei voisi syntyä ilman vähintäänkin alitajuista yhteyttä sieluun, ja tätä yhteyttä unitila tarjoaa.

Öisin ihminen pudottaa ruumiinsa pois alitajuntaan ja hänestä tulee enkeli. Päiväsaikaan hänestä tulee jälleen paholainen, jonka kehon halut ja aistimukset erottavat Hengestä. Mutta *kriya*-joogameditaation turvin hän kykenee olemaan jumala päivälläkin, kuten Kristus ja suuret viisaat. Hän siirtyy alitajunnan tuolle puolen ylitietoisuuteen, jolloin kehotietoisuus lakkaa Jumalan ekstaasissa. Se, joka pystyy tähän, on uudestisyntynyt.

❖ ❖ ❖

Tämä maapallo on vaivan ja kärsimyksen aluetta, mutta tämän aineellisen tason tuolla puolen on Jumalan valtakunta, ja se on vapauden ja autuuden tyyssija. Havahtuvan ihmisen sielu on kulkenut vaivalloista tietä – monien inkarnaatioiden kautta ylöspäin suuntautuvaa polkua – tullakseen ihmiseksi ja saadakseen mahdollisuuden voittaa takaisin kadonneen jumaluutensa. Mutta miten monta ihmiseksi syntymää onkaan tuhlattu keskittymällä ruokaan ja rahaan sekä kehon ja itsekkäiden pyyteiden tyydyttämiseen! Jokaisen tulisi kysyä itseltään, kuinka hän käyttää tämän nykyisen syntymän kallisarvoisia hetkiä. Kaikkien ihmisolentojen keho hajoaa viimein tuskallisesti. Eikö olekin parempi eryttää sielu kehon tietoisuudesta

– pitää ruumis Hengen temppelinä? Oi sielu, sinä et ole ruumis. Miksi et muistaisi aina, että olet Jumalan Henkeä?[3]

Jeesus sanoi, että meidän tulee solmia uudelleen yhteytemme Jumalan kanssa; meidän täytyy uudestisyntyä. Ihmisen on kuljettava jälleensyntymien mutkallista reittiä vapautuakseen karmastaan; tai hän voi jonkin sellaisen menetelmän kuin *kriya*-joogan sekä todellisen mestarin avulla herättää intuition jumalallisen kyvyn ja tuntea itsensä sieluna, toisin sanoen hän voi uudestisyntyä Hengessä. Jälkimmäiseen keinoon turvautuen hän pystyy näkemään Jumalan valtakunnan ja astumaan siihen sisälle tämän elämänsä aikana.

Ennemmin tai myöhemmin – muutamien tai useiden kivuliaiden inkarnaatioiden jälkeen – jokaisen ihmisolennon sielu itkee ja muistuttaa häntä, ettei hänen kotinsa ole täällä. Silloin etsijä rupeaa tosissaan suuntaamaan askeleitaan kohti oikeaa taivaallista valtakuntaansa. Kun hän haluaa hyvin innokkaasti tuntea Totuuden, Jumala lähettää mestarin, jonka antaumuksen ja Itse-oivalluksen välityksellä Hän kylvää rakkautensa tuon henkilön sydämeen.

Ihminen syntyy fyysisesti vanhemmistaan, mutta hengellisen syntymän antaa Jumalan määräämä mestari. Muinaisen Intian vedalaisessa traditiossa vastasyntynyttä lasta kutsutaan *kayasthaksi*, joka merkitsee 'kehoon samaistunut'. Ne kaksi fyysistä silmää, jotka katselevat viekoittelevaa aineellisuutta, ovat fyysisten vanhempien perintöä, mutta vihkimyksessä eli hengellisessä kasteessa guru avaa oppilaan hengellisen silmän. Vihkiytynyt oppii gurun avulla käyttämään tätä teleskooppista silmää oivaltaakseen Hengen, ja niin hänestä tulee *dwija*, 'kahdesti syntynyt'. Jeesus käytti samaa metafyysistä sanastoa. Nyt vihkiytynyt aloittaa etenemisensä kohti *bramiinin* tilaa, sellaisen henkilön tilaa, joka tuntee Brahmanin eli Hengen.

Aineeseen sidottu sielu syntyy toisen kerran Hengessä, kun se on kohonnut Henkeen ollessaan yhteydessä Jumalaan. Valitettavasti jopa Intiassa tästä vihkimyksestä kehotietoisuudesta hengelliseen tietoisuuteen on tullut pelkkä muodollisuus. Tavalliset papit suorittavat kastiseremonian nuorille bramiinipojille, mikä käytännössä merkitsee samaa kuin vesikasteen

---

[3] "Ettekö tiedä, että te olette Jumalan temppeli ja että Jumalan Henki asuu teissä?" (1. Kor. 3:16).

symbolinen rituaali. Vanhojen ja nykyisten aikojen suurten hindumestareiden tavoin Jeesus kuitenkin antoi aidon henkikasteen "Pyhällä Hengellä ja tulella". Todellinen guru pystyy muuttamaan oppilaan aivosoluja hengellisellä virralla, joka vuotaa Jumalalta hänen valaistuneen tietoisuutensa kautta. Tällaisen muutoksen kokevat kaikki ne, jotka ovat oikealla tavalla virittyneitä – jotka mietiskelevät vilpittömästi ja syvällisesti ja jotka oppivat lähettämään jumalallisen virtauksen aivosoluihin, kuten tapahtuu *kriya*-joogaa harjoittamalla. Sielu on kytköksissä ruumiiseen karman sitein; aineelliset halut, käyttäytymistavat ja tottumukset ovat punoneet nuo siteet monien elämien aikana. Ihmisen elämän voi muuttaa vain elämänvirta, joka tuhoaa nuo miljoonat karmiset muistumat. Silloin ihminen on uudestisyntynyt. Sielu avaa sisäisen ikkunan yksyeteen Hengen kanssa ja pääsee kokemaan Jumalan ihmeellisen kaikkiallisuuden.

Termi "uudestisyntyminen" merkitsee siis paljon enemmän kuin pelkkää kirkkoon liittymistä ja seremoniallisen kasteen saamista. Pelkkä uskominen ei anna sielulle pysyväistä sijaa taivaassa kuoleman jälkeen. On välttämätöntä omata yhteys Jumalaan nyt. Ihmisolennot on tehty enkeleiksi maan päälle, ei taivaaseen. Mihin kukakin on kuolemansa hetkellä jäänyt hengellisellä kehitystiellään, siitä hän jatkaa uudessa inkarnaatiossa. Ihminen on unen jälkeen sama kuin ennen nukkumistaan. Kuoleman jälkeen hän on sama kuin ennen kuolemaansa.

Juuri siksi Kristus ja mestarit sanovat, että on tarpeen tulla pyhimykseksi ennen kuolemanunta. Pyhimykseksi ei tulla täyttämällä mieli maallisilla sidoksilla ja hyödyttömillä ajanvietteillä. Se, joka on keskittynyt keräämään aarteita maan päälle, ei ahkeroi löytääkseen Jumalan. Se, joka on syventynyt Jumalaan, ei halua erilaisia hetkentäyttetä elämäänsä. Vasta vapauttamalla itsensä maallisista haluista ansaitsee pääsyn Jumalan valtakuntaan. Herra odottaa kärsivällisesti ihmiseltä sataprosenttista antaumusta. Hän avaa oven läsnäolonsa valtakuntaan niille, jotka uutterasti etsivät häntä päivittäin ja jotka täyttävät Hänen käskynsä noudattaen jumalallista elämäntapaa.

Lukemattomat luennot auringonpaisteesta ja luonnonkauneudesta eivät saa minua näkemään niitä, jos silmäni ovat kiinni. Vastaavasti, ihmiset eivät näe Jumalaa, joka on läsnä kaikessa, ennen kuin avaavat intuitiivisen näkökykynsä hengellisen silmän. Pystyessään oivaltamaan, ettei ole kuolevainen ruumis vaan elämänenergiaan verhottu äärettömän Hengen kipinä, ihminen kykenee näkemään Jumalan valtakunnan. Hän oivaltaa, että hänen kehonsa ja universumin koostumus ei ole sielua vangitsevaa ainetta vaan laajenevaa, häviämätöntä energiaa ja tietoisuutta. Tiede on osoittanut oikeaksi tämän totuuden, ja jokainen ihmisyksilö voi sen kokea. *Kriya*-joogan avulla hän voi saada horjumattoman oivalluksen, että hän on Hengen suuri Valkeus ja Tietoisuus.

Oi ihminen, miten pitkään tulet pysymään järjellisenä eläimenä? Miten pitkään yrität turhaan tähytä luomakunnan loputonta aluetta pelkillä aistien ja älyn likinäköisillä silmilläsi? Miten pitkään pysyt sidoksissa eläimellisen ihmisen vaateiden tyydyttämiseen? Riisu kaikki kahlitsevat esteet. Tunne itsesi jonain kuolemattomana, jolla on rajattomia voimia ja kykyjä. Ei enää tätä järjellisen eläimen vanhaa unta! Herää! Olet kuolemattomuuden lapsi, jolla on intuition kyky!

Luku 5

"Ihmisen Pojan ylentäminen" jumalalliseen tietoisuuteen

Nikodeemus vastasi ja sanoi hänelle: "Kuinka tämä voi tapahtua?"
Jeesus vastasi ja sanoi hänelle: "Sinä olet Israelin opettaja etkä tätä tiedä! Totisesti, totisesti minä sanon sinulle: me puhumme, mitä tiedämme, ja todistamme, mitä olemme nähneet, ettekä te ota vastaan meidän todistustamme. Jos ette usko, kun minä puhun teille maallisista, kuinka te uskoisitte, jos minä puhun teille taivaallisista?
Ei kukaan ole noussut ylös taivaaseen, paitsi hän, joka taivaasta tuli alas, Ihmisen Poika, joka on taivaassa. Ja niinkuin Mooses ylensi käärmeen autiomaassa, niin pitää Ihmisen Poika ylennettämän, että jokaisella, joka häneen uskoo, olisi iankaikkinen elämä." (Joh. 3:9–15.)

Nikodeemusta puhutellessaan Jeesus pani merkille, että pelkkä Israelin huoneen seremoniallisen opettajan virka ei taannut elämän salaisuuksien ymmärtämistä. Ihmisille annetaan usein uskonnollisia virkanimityksiä kirjoitusten älyllisen tuntemisen perusteella. Mutta totuuden esoteeristen syvyyksien täysi ymmärrys voidaan saavuttaa vain intuitiivisella kokemisella.

"Me puhumme, mitä tiedämme" viittaa syvällisempään tietoon kuin se, mitä saamme aisteista riippuvan älyn ja päättelyn avulla. Koska aistit ovat rajallisia, myös älyllinen ymmärtäminen on rajoittunutta. Aistit ja mieli ovat ulko-ovia, joiden kautta tieto suodattuu tietoisuuteen. Ihmisen tietämys siivilöityy sisään aistien kautta, ja mieli tulkitsee sitä. Jos aistit erehtyvät havainnosta, myös ymmärryksen sen pohjalta tekemä johtopäätös on virheellinen.

Etäällä lepattava valkoinen harsokangas saattaa näyttää aaveelta, ja taikauskoinen ihminen pitää sitä aaveena, mutta lähempi tarkastelu paljastaa tuon johtopäätöksen virheelliseksi. Aistit ja ymmärrys harhautuvat helposti, koska ne eivät pysty käsittämään luotujen asioiden todellista luontoa, pohjimmaista luonnetta ja olemusta.

Jeesuksella oli intuitionsa myötä täysi oivallus siitä syvällisestä tasosta, joka ylläpitää kosmoksen toimintoja ja elämän monimuotoisuutta, joten hän sanoi arvovaltaisesti: *"Me puhumme, mitä tiedämme."*

Jeesus oli virittynyt kaiken tilan, kaiken maanpäällisen näkökyvyn takana ilmentyvään suureen järjestykseen. Vastahakoisille ihmisille hän ei voinut puhua avoimesti kaikkiallisista oivalluksistaan – jopa ne totuudet, joista hän puhui, tuottivat tulokseksi ristiinnaulitsemisen! Nikodeemukselle hän sanoi: "Jos kerron sinulle asioista, jotka koskevat näkyvästi maan päällä olevia ihmissieluja, ja siitä, kuinka he voivat päästä Jumalan valtakuntaan, ja sinä et usko, niin miten sinä voisit uskoa minua, jos minä kerron taivaan piirien tapahtumista, jotka ovat täysin kätkettyjä tavalliselta ihmiskatseelta?"

Vaikka Jeesus hyväntahtoisen kärsivällisesti murehti sitä, että Nikodeemus epäili Kristus-tilasta annettuja intuitiivisia ilmoituksia, hän jatkoi kertomalla vieraalleen tavan, jolla tämä – ja kuka tahansa muu totuudenetsijä – voisi kokea nämä totuudet itse.

Varsin monet epäilevät taivaan olemassaoloa, koska eivät näe sitä. He eivät kuitenkaan epäile tuulenpuuskaa vain sen vuoksi, että se on näkymätön. Se tunnetaan äänestään ja aistimuksena iholla sekä lehtien ja muiden esineiden liikkeestä. Koko universumi elää, liikkuu ja hengittää, koska Jumalan näkymätön läsnäolo vaikuttaa taivaallisissa voimissa, aineellisuuden takana.

Kerran muuan mies antoi oliiveja toiselle, joka ei ollut koskaan aikaisemmin nähnyt sellaisia, ja sanoi: "Näissä on runsaasti öljyä." Tuo henkilö leikkasi oliivin kahtia mutta ei löytänyt öljyä – kunnes hänen ystävänsä näytti, miten oliiveja puserretaan öljyn erottamiseksi hedelmälihasta. Näin on Jumalankin laita. Kaikki universumissa on täynnä Hänen läsnäoloaan – tuikkivat tähdet, ruusu, linnun laulu, mielemme. Hänen olemuksensa tunkeutuu kaikkeen ja kaikkialle. Ihmisen on kuitenkin vertauskuvallisesti "puserrettava" Jumala ulos Hänen materiaalisesta piilostaan.

Sisäinen keskittyminen on keino, jolla voimme oivaltaa kätketyn, uutta luovan taivaan tämän karkean maailmankaikkeuden takana. Suuruuden ja

Jumala-yhteyden hintana on yksin oleminen. Kaikki, jotka haluavat temmata aikaa ahneelta aineelliselta maailmalta pyhittääkseen aikansa sen sijaan Jumalan etsintään, voivat oppia näkemään luomisen ihmeellisen valmistamon, josta kaikki on syntynyt. Jokainen inkarnoitunut sielu on laskeutunut taivaan kausaali- ja astraalipiireistä, ja jokainen sielu voi nousta sinne uudestaan vetäytymällä sisäisen hiljaisuuden "autiomaahan" ja harjoittamalla tieteellistä menetelmää, jonka avulla elämänvoima ja tietoisuus nostetaan ruumiiseen samaistumisesta Jumalan yhteyteen.

❖ ❖ ❖

"Ei kukaan ole noussut ylös taivaaseen, paitsi hän, joka taivaasta tuli alas, Ihmisen Poika, joka on taivaassa. Ja niinkuin Mooses ylensi käärmeen autiomaassa, niin pitää Ihmisen Poika ylennettämän." (Joh. 3:13-14.)

Tämä raamatunkohta on hyvin tärkeä ja huonosti ymmärretty. Jos sanat "ylensi käärmeen" otettaisiin kirjaimellisesti, niiden tarkoitus jäisi hämäräksi. Jokaisella symbolilla on kuitenkin kätketty merkitys, joka täytyy saada esille tulkitsemalla sitä oikein.

Tässä sana "käärme" viittaa vertauskuvallisesti ihmisen tietoisuuteen ja elämänvoimaan, joka on kierteisessä käytävässä selkärangan alaosassa. Ihmisen on määrä kääntää tämän elämänvoiman virtaussuunta aineesta poispäin, jotta hän pääsisi nousemaan kehosidonnaisuudesta ylitietoiseen vapauteen.

Sieluina me olimme kaikki alun perin Jumalan helmassa. Henki toteuttaa kaipuunsa luoda Itsestään yksilöllistetty ilmentymä. Näin sielu ilmentyy ja luo ajatuksen kehosta kausaalimuodossa. Ajatus muuttuu energiaksi eli elontroneista muodostuneeksi astraalikehoksi. Astraalikehosta tiivistyy fyysinen keho. Sielu laskeutuu näiden kolmen kehon yhteisen spinaalisen käytävän kautta ja samaistuu aineelliseen kehoon ja karkeaan aineeseen.

"Hän, joka taivaasta tuli alas" merkitsee fyysistä kehoa. (Jeesus viittaa ihmiskehoon "ihmisenä". Läpi evankeliumien hän puhui omasta fyysisestä kehostaan "Ihmisen Poikana", erotukseksi Kristus-tietoisuudestaan, "Jumalan Pojasta".) Ihminen laskeutuu Jumalan luomakunnan taivaallisilta tasoilta, kun hänen sielunsa, verhottuna jumalsyntyisten ideoiden kausaalikehoon ja valon astraalikehoon, pukeutuu materiaalisen kudoksen ulkoasuun. Niinpä ei vain Jeesus vaan kaikki Jumalan lapset ovat tulleet "taivaasta alas".

❖ ❖ ❖

Yksikään ihmisruumis ei ole noussut taivaaseen, jonka eteerinen olemus ei suo sijaa aineellisille muodoille. Kaikki sielut voivat kuitenkin astua ylimaallisiin maailmoihin ja tulevat pääsemään niihin, kun ne kuoleman kautta tai hengellisen voiton myötä hylkäävät fyysisyyteen sidotun tietoisuuden ja tuntevat itsensä enkelimäisiksi olennoiksi, jotka on vyötetty ajatuksella ja valolla.

Meidät on kaikki tehty Jumalan kuviksi, kuolemattoman tietoisuuden olennoiksi, jotka on verhottu läpikuultavalla taivaallisella valolla – mutta tämä perintö on kätketty karkean lihan alle. Vain meditaation avulla pystymme saamaan tuon perinnön haltuumme. Ei ole mitään muuta tietä – kirjojen lukeminen tai filosofian tutkiminen ei riitä. Vain antaumuksellinen rakkaus ja jatkuva rukous sekä tieteellinen meditaatio kohottavat tietoisuuden Jumalan luo.

❖ ❖ ❖

Jeesus lausui erinomaisen totuuden käyttäessään ilmaisua "Ihmisen Poika, joka on taivaassa". Tavalliset ihmiset kokevat ruumiinsa ("Ihmisen Pojan") harhailevan vain maan päällä, mutta Jeesuksen kaltaiset vapaat sielut asuvat samanaikaisesti fyysisissä ja astraalisissa sekä kausaalisissa taivaan valtakunnissa. – –

Jeesuksen sanat ovat siis hyvin yksinkertaiset ja hyvin ihmeelliset: Vaikka hän asustikin ruumiissa fyysisessä maailmassa, hän näki itsensä Jumalan valonsäteenä, joka laskeutui taivaasta. Hän osoitti tämän lopullisesti kuolemansa jälkeen luomalla uudelleen fyysisen kehonsa kosmisen luovan valon säteistä ja myöhemmin tekemällä sen aineettomaksi oppilaidensa läsnä ollessa, kun hän astui takaisin taivaaseen. – –

Jeesus teki Jumalan säätämässä inkarnaatiossaan voimallisesti taivaallisen Isänsä työtä maailmassa, ja samalla hän pystyi julistamaan totuuden mukaisesti: "Minä olen taivaassa." Tämä on jumaltietoisuuden korkein haltiotila, jota joogit kutsuvat *nirvikalpa samadhiksi*, ekstaattiseksi tilaksi "ilman erotusta": tuossa tilassa ollaan tietoisia ulkomaailmasta samalla kun ollaan sisäisessä jumalyhteydessä. *Savikalpa samadhissa,* "erotuksen käsittävässä" samadhissa, joka ei ole yhtä korkealle edennyt tila, ihmiseltä katoaa tietoisuus ulkoisesta maailmasta. Ruumis vajoaa liikkumattomaan tilaan, transsiin, tietoisuuden kokiessa sisäisesti ykseyttä Jumalan kanssa. Edistyneimmät mestarit pystyvät olemaan täysin tietoisia Jumalasta osoittamatta minkäänlaisia kehollisia merkkejä lamautumisesta. Palvoja juo Jumalaa ja on samanaikaisesti tietoinen ja täysin aktiivinen ulkoisessa ympäristössään – jos niin haluaa.

Tämä Jeesuksen julistus tarjoaa suurta rohkaisua kaikille sieluille: vaikka vaikeudet saartavatkin ihmistä hänen asuessaan fyysisessä kehossaan, Jumala on antanut hänelle mahdollisuuden pysyä taivaallisessa tietoisuudessa ulkoisista olosuhteista riippumatta. Juomari kuljettaa juoppoutensa mukanaan kaikkialle minne menee. Sairas on koko ajan tautinsa vallassa. Onnellinen kuplii alati hyvää tuulta. Ja se, joka on tietoinen Jumalasta, nauttii tuota ylintä autuutta, toimiipa hän sitten ulkoisessa maailmassa tai on vetäytyneenä sisäiseen jumalyhteyteen.

❖ ❖ ❖

Jeesus korostaa yhä uudelleen evankeliumeissa, että sen, mitä hän saavutti, voivat kaikki saavuttaa. Hänen seuraava huomautuksensa Nikodeemukselle osoittaa, miten tämä tapahtuu.

"Ja niinkuin Mooses ylensi käärmeen autiomaassa, niin pitää Ihmisen Poika ylennettämän, että jokaisella, joka häneen uskoo, olisi iankaikkinen elämä."

Jeesus sanoi, että jokainen ihmisen poika, eli jokainen kehossa asustava tietoisuus, pitää ylennettämän aistien tasolta astraaliseen valtakuntaan kääntämällä aineeseen suuntautunut elämänvoiman ulosvirtaus ylösnousevaksi selkärangan alaosan käärmemäisesti kiertyneen käytävän kautta. Ihmisen poika korotetaan, kun tämä käärmemäinen voima kohotetaan, "niinkuin Mooses ylensi käärmeen autiomaassa". Meidän täytyy astua Mooseksen tavoin hiljaisuuden hengelliseen autiomaahan, jossa hänellä ei ollut enää mitään haluja. Hän kohotti sielunsa kehotietoisuudesta jumaltietoisuuteen samaa polkua, jota pitkin se oli laskeutunut alas.

Kuten aiemmin on selitetty, ihmisen fyysinen, astraalinen ja kausaalinen keho ovat yhteen sidottuja elämänvoiman ja tietoisuuden seitsemässä aivot-selkäydin-akselin keskuksessa ja toimivat siten yhdessä. Alas laskeuduttaessa viimeinen side on selkärangan pohjan kierteinen solmu, joka estää tietoisuuden nousun taivaalliseen astraalivaltakuntaan. Jollei ihminen tiedä, kuinka avata tämä astraalisen ja fyysisen voiman solmu, elämä ja tietoisuus pysyvät kiinnittyneinä maalliseen maailmaan virraten ulospäin kehoon ja aistitietoisuuteen.

Suurin osa energiasta liikkuu avaruudessa spiraalin muodossa; spiraali on kaikkialla tavattava aihe universumin makrokosmisessa ja mikrokosmisessa rakenteessa. Alkaen galaksien tähtisumuista – kaiken aineen kosmisesta synnyinkehdosta – energia virtaa kierteisillä tai kehämäisillä tai pyörteisillä muodoilla. Sama aihe toistuu niin elektronien tanssissa radallaan atomiytimien ympäri kuin planeettojen ja aurinkojen sekä tähtijärjestelmien pyörimisessä avaruuden läpi universumin suuren keskuksen ympäri (kuten mainitaan muinaista alkuperää olevissa hindulaisissa kirjoituksissa). Monet galaksit ovat spiraalin muotoisia, ja lukemattomat muut luonnonilmiöt – kasvit, eläimet, tuulet ja myrskyt – ilmentävät samalla tavoin sen näkymättömän energian kierteitä, joka piilee niiden muodon ja rakenteen takana. Samanlainen on myös ihmiskehon mikrokosmoksen "käärmevoima" (*kundalini*). Se on selkärangan alaosan kierteinen virtaus, elämän suunnaton dynamo, joka ulospäin ohjautuessaan ylläpitää fyysistä ruumista ja sen aistitietoisuutta, ja kun se tietoisesti suunnataan ylöspäin, se avaa astraalisten aivot-selkäydin-akselilla sijaitsevien keskusten ihmeet.

Kun sielu kausaali- ja astraalikehonsa suojissa saa fyysisen inkarnaation hedelmöityksen hetkellä, koko keho kasvaa siemensolusta, joka muodostuu yhdistyneistä siittiö- ja munasolusta, alkaen ensimmäisistä ydinjatkeen, aivojen ja selkärangan aihioista.

Astraalikehon älykäs elämänenergia virtaa alkuperäisestä sijaintipaikastaan, ydinjatkeesta, alaspäin. Se aktivoi erikoistuneet voimat astraalisissa aivot-selkäydin-akselin *chakroissa*, jotka luovat ja antavat elämän fyysiselle selkärangalle, hermojärjestelmälle ja muille kehon elimille. Kun alkuperäisen elämänvoiman toiminta kehon luomiseksi on suoritettu, se pysähtyy kierteiseen käytävään alimmassa eli häntäluukeskuksessa. Tämän astraalikeskuksen kierteinen kokoonpano antaa elämänenergialle *kundalinin* eli käärmevoiman (sanskritin *kundala*, 'kierteinen') nimen. Kun sen luomistyö on suoritettu, elämänvoiman keskittymän tässä keskuksessa sanotaan olevan "nukkuvaa" *kundalinia*. Kun se säteilee ulospäin kehoon, jatkuvasti elävöittäen aistien – näön, kuulon, hajun, maun ja tunnon sekä ruumiillisen, maallisen luovan voiman, sukupuolisuuden – fyysisiä alueita, se saa tietoisuuden vahvasti samaistumaan aistien pettäviin uniin ja niiden toiminnan ja toiveiden piiriin.

Mooses, Jeesus ja hindujoogit, he kaikki tunsivat tieteellisen hengenelämän salaisuuden. He esittivät yhteen ääneen, että jokaisen ihmisen, joka on yhä fyysisesti asennoitunut, täytyy hallita käärmevoiman nostamisen taito ylöspäin aistimellisesta kehotietoisuudesta. Vain näin hän voi aloittaa sisäisen paluun kohti Henkeä.

Jokainen pyhimys – mihin uskontoon hän onkin kuulunut – joka on saavuttanut jumaltietoisuuden, on itse asiassa vetänyt tietoisuutensa ja elämänvoimansa pois aistien alueelta, ylöspäin selkäytimen käytävän ja sen keskusten kautta aivojen jumaltietoisuuden keskukseen ja sitä myöten kaikkialliseen Henkeen.

Ihmisen istuessa ääneti ja tyynenä hän on osittain hiljentänyt elämänvoiman virtauksen ulospäin hermoihin ja näin irrottanut elämänvoiman lihaksista. Hänen kehonsa rentoutuu tuokioksi. Mutta hänen rauhaansa häiritsee helposti mikä tahansa melu tai muu koettu aistimus, koska yhä ulospäin kierteistä polkua pitkin virtaava elämänenergia pitää aistit toiminnassa.

Unen aikana astraaliset elämänvoimat ovat vetäytyneet paitsi lihaksista, myös aistinelimistä. Jokainen ihminen kokee joka yö elämänvoiman fyysisen poisvetäytymisen, vaikkakin tiedostamattomalla tavalla. Kehossa oleva energia ja tietoisuus vetäytyvät sydämen, selkärangan ja aivojen alueelle suoden ihmiselle elvyttävän rauhan alitajuisessa yhteydessä kaikkien hänen voimiensa jumalalliseen alkulähteeseen, sieluun. Miksi ihminen kokee nukkuessaan iloa? Koska hänen ollessaan syvän, unta näkemättömän unen vaiheessa, kehoaan tiedostamatta, fyysiset rajoitukset ovat unohtuneet ja mieli hetkittäin kolkuttaa korkeamman tietoisuuden ovea.

Joogi osaa tieteellisen taidon vetäytyä tietoisesti irti aistinhermoistaan, niin ettei mikään ulkoinen näön, äänen, kosketuksen, maun tai hajun aiheuttama häiriö pääse hänen sisäiseen, rauhan täyttämään meditaatiopyhäkköönsä. Rintamalinjoille päiväkausiksi määrätyt sotilaat pystyvät nukkumaan jatkuvasta taistelun melskeestä huolimatta sellaisen kehon mekanismin takia, joka vetää – ihmisen sitä tiedostamatta – energian pois korvista ja muista aistinelimistä. Joogi ymmärtää, että näin voi tehdä tietoisestikin. Joogi kytkee tahdonvoimallaan aistit pois päältä, sillä hän tuntee keskittymisen täsmälliset lait ja harjoittaa niiden mukaisia tieteellisiä menetelmiä. Hän kulkee alitajuisen unen yli autuaaseen ylitietoiseen sisäistyneisyyteen.

❖ ❖ ❖

Jokainen ihmisolento on oppinut pääsemään unessa alitajuiseen tilaan. Vastaavasti, jokainen voi hallita taidon siirtyä ylitietoisuuden ekstaasiin. Se on äärettömän paljon nautittavampaa ja elähdyttävämpää kuin tavallinen uni. Tämä korkeampi tila antaa pysyvän oivalluksen, että aine on Jumalan jähmettynyttä kuvitelmaa, kuten nukkuessa unemme ja painajaisemme ovat omia hetken kestäviä ajatusluomuksiamme. Nuo unet ovat tiivistyneet tai "jähmettyneet" visuaalisiksi kokemuksiksi mielikuvituksemme havainnollistavan kyvyn takia. Unta näkevä ihminen ei ymmärrä painajaista epätodeksi, ennen kuin herää. Samoin ihminen voi vain heräämällä Hengessä – yksäydessä Jumalan kanssa *samadhissa* – haihduttaa kosmisen unen yksilöllistyneestä tietoisuudestaan.

Ylösnousemus Hengessä ei ole helppoa. Kun ihminen on tietoinen kehostaan, hän on toisen luontonsa eli piintyneiden mielialojensa ja tapojensa otteessa. Hänen on arkailematta kukistettava ruumiin himot. Kehosidonnainen "ihmisen poika" ei kykene nousemaan taivaalliseen vapauteen pelkästään puhumalla siitä. Hänen on tiedettävä, kuinka avata *kundalini*-voiman kierteinen solmu selkärangan alaosassa, jotta ylittäisi lihallisen vankilan muurit.

Aina syvällisesti meditoidessaan ihminen automaattisesti auttaa elämänvoimaa ja tietoisuutta kääntymään aineesta Jumalaa kohti. Mikäli selkärangan alaosassa sijaitsevan astraalisolmun virtausta ei kohoteta hyvän elämän, hyvien ajatusten ja meditoinnin avulla, materialistiset, maailmalliset ja alhaiset ajatukset antavat leimansa ihmisen elämälle. Jokaisen hyvän työnsä myötä ihminen on "nousemassa ylös taivaaseen". Hänen mielensä pääsee keskittymään yhä enemmän taivaallisen ymmärryksen Kristus-keskukseen. Jokaisen pahan teon vuoksi hän on vajoamassa aineellisuuteen ja harhan varjot vangitsevat hänen huomionsa.

❖ ❖ ❖

Kundalini-voiman herättäminen on äärimmäiseen vaikeaa, eikä sitä pysty tekemään sattumoisin. Vaaditaan vuosien keskittynyt meditointi pätevän gurun johdolla, ennen kuin voi kuvitella vapauttavansa taivaallisen astraalikehonsa fyysisen vankilan kahleista *kundalinin* herättämisellä. Se, joka kykenee herättämään *kundalinin*, lähestyy nopeasti Kristuksen kaltaista tilaa. Kierteisen käytävän kautta nouseminen avaa taivaallisen näyn hengellisen silmän; tämä paljastaa koko kehoa ympäröivän universumin, jota ylläpitää taivaallisten voimien värähtelevä valo.

Näkö-, kuulo-, maku-, tunto- ja hajuaisti ovat kuin viisi valonheitintä, jotka paljastavat aineen. Kun elämänenergia valuu ulos noiden aistimuksellisten valokeilojen kautta, ihmistä vetävät puoleensa kauniit kasvot tai lumoavat äänet tai viekoittelevat tuoksut, aromit ja tuntoaistimukset. Se on luonnollista. Mutta se, mikä on luonnollista kehoon sidoksissa olevalle tietoisuudelle, on luonnotonta sielulle. Jos tuo jumalallinen elämänenergia vedetään pois aistien määräysvallasta selkäytimen väylää myöten aivojen rajattoman havaintokyvyn hengelliseen keskukseen, silloin astraalienergian valokiila kohdistuu ikuisuuden rajattomuuteen paljastaen universaalin Hengen. Silloin palvojaa vetää puoleensa Ylimaallinen Yliluonnollisuus, kaikkien ihanuuksien Ihanuus, kaiken musiikin Musiikki, kaikkien ilojen Ilo. Hän voi koskettaa Henkeä kaikkialla universumissa ja kuulla Jumalan äänen, joka kaikuu läpi taivaanpiirien. Muoto häviää Muodottomuudessa. Väliaikaiseen, pieneen hahmoon kahlehdittu tietoisuus laajenee rajattomasti muotoa vailla olevaan, ikuisesti olemassa olevaan Henkeen.

Jeesus selittää, että kuka tahansa joka uskoo opetukseen kehotietoisuuden (ihmisen pojan) ylentämisestä fyysisestä astraaliseen kääntämällä elämänvoiman virtauksen kulkemaan kierteistä käytävää pitkin selkärangan tyvestä, ei joudu kadotukseen. Hän ei siis ole elämän ja kuoleman maallisten muutosten alainen, vaan saavuttaa asteittain muuttumattoman tilan, joka on Kristus-tietoisuus, Jumalan Poika.

Luku 6

"Hänen nimeensä uskomisen" ja pelastuksen todellinen merkitys

"Sillä niin on Jumala maailmaa rakastanut, että hän antoi ainokaisen Poikansa, ettei yksikään, joka häneen uskoo, hukkuisi, vaan hänellä olisi iankaikkinen elämä. Sillä ei Jumala lähettänyt Poikaansa maailmaan tuomitsemaan maailmaa, vaan sitä varten, että maailma hänen kauttansa pelastuisi. Joka uskoo häneen, sitä ei tuomita; mutta joka ei usko, se on jo tuomittu, koska hän ei ole uskonut Jumalan ainokaisen Pojan nimeen.

Mutta tämä on tuomio, että valkeus on tullut maailmaan, ja ihmiset rakastivat pimeyttä enemmän kuin valkeutta; sillä heidän tekonsa olivat pahat. Sillä jokainen, joka pahaa tekee, vihaa valkeutta eikä tule valkeuteen, ettei hänen tekojansa nuhdeltaisi. Mutta joka totuuden tekee, se tulee valkeuteen, että hänen tekonsa tulisivat julki, sillä ne ovat Jumalassa tehdyt." (Joh. 3:16–21.)

Sekaannus "Ihmisen Pojan" ja "Jumalan ainokaisen Pojan" välillä on luonut paljon kiihkoilua niissä kirkollisissa piireissä, jotka eivät ymmärrä tai tunnusta Jeesuksen inhimillistä puolta – että hän oli kuolevaiseen ruumiiseen syntynyt ihminen, jonka tietoisuus oli tullut yhdeksi itse Jumalan kanssa. Ei Jeesuksen ruumis vaan sen sisältämä tietoisuus oli yhtä ainokaisen Pojan eli Kristus-tietoisuuden kanssa, Isä Jumalan ainoan heijastuman kanssa luomakunnassa. Kehottaessaan ihmisiä uskomaan ainokaiseen Poikaan Jeesus viittasi tähän Kristus-tietoisuuteen, joka oli täysin ilmentynyt hänessä itsessään ja kaikissa Jumalan oivaltavissa mestareissa kautta aikojen. Se on piilevänä jokaisessa sielussa. Jeesus sanoi, että kaikki ne sielut tulevat tuntemaan ikuisen elämän, jotka kohottavat kehotietoisuutensa (Ihmisen Poika -tietoisuuden) astraaliseen taivaaseen ja tulevat sitten yhdeksi koko luomakunnan läpäisevän ainosyntyisen Kristus-Intelligenssin kanssa.

Tarkoittaako tämä raamatunkohta, että kaikki ne tuomitaan, jotka eivät ota Jeesusta vastaan tai usko häneen Pelastajanaan? Tällainen olisi dogmiin perustuvaa tuomitsemista. Jeesus tarkoitti, että kuka tahansa, joka ei oivalla itseään yhdeksi universaalin Kristus-tietoisuuden kanssa, on tuomittu elämään ja ajattelemaan kamppailevan kuolevaisen tavoin, aistirajoitusten typistämänä, koska hän on olennaisella tavalla erottanut itsensä elämän Ikuisesta Alkuprinsiipistä.

Jeesus ei koskaan puhunut Ihmisen Poika -tietoisuudestaan tai ruumiistaan ainoana kaikille aikakausille tarkoitettuna pelastajana. Aabraham ja monet muut olivat pelastettuja jo paljon ennen Jeesuksen syntymää. On metafyysinen virhe puhua Jeesuksen historiallisesta henkilöstä ainoana pelastajana. Universaali vapahtaja on Kristus-Intelligenssi. Rajaton Kristus on ainoa absoluuttisen Hengen (Isän) heijastuma, joka on läsnä kaikkialla suhteellisuuden maailmassa. Hän on se välittäjä tai yhteys Jumalan ja aineellisuuden välillä, jonka kautta kaikkien aineellisten yksilöiden – yhteiskuntaluokkiin ja uskontunnustuksiin katsomatta – täytyy kulkea saavuttaakseen Jumalan. Kaikki sielut pystyvät vapauttamaan aineellisuuden rajoittaman tietoisuutensa ja sukeltamaan kaikkialliseen rajattomuuteen virittäytymällä yhteen Kristus-tietoisuuden kanssa.

Jeesus lausui: "Kun olette kohottaneet ylös Ihmisen Pojan, silloin te tulette tuntemaan, että minä olen hän." Hän oivalsi, että hänen fyysisen kehonsa oli määrä jäädä maanpäälliselle tasolle vain hetkeksi. Niinpä hän teki selväksi niille, joille hän oli pelastaja, että kun hänen kehonsa (ihmisen poika) oli lähtenyt maan päältä, ihmiset yhä kykenisivät löytämään Jumalan ja pelastuksen uskomalla kaikkialla läsnä olevaan ainokaiseen Jumalan Poikaan ja tuntemalla hänet. Jeesus korosti, että kuka tahansa uskoisi hänen henkeensä eli äärettömään Kristukseen, joka oli inkarnoitunut häneen, löytäisi polun ikuiseen elämään. Tuo polku tarkoittaa tietoisuuden sisäistettyä ylösnousemusta meditaation tieteen avulla.

"Ettei yksikään, joka häneen uskoo, hukkuisi." Luonnon muodot muuttuvat, mutta luonnossa läsnä oleva Ääretön Intelligenssi on iäti harhan muutosten vaikutuspiirin ulkopuolella. Lumiukkoon kiintynyt tuittupäinen lapsi itkee, kun aurinko nousee taivaalle ja sulattaa ukon. Samoin ne Jumalan lapset kärsivät, jotka ovat kiinnittyneet muuttuvaiseen ihmiskehoon,

lapsuuden, nuoruuden, vanhuuden ja kuoleman läpi kulkevaan hahmoon. Kuitenkin ne, jotka sisäistävät elämänvoimansa ja tietoisuutensa sekä keskittyvät kuolemattomuuden sisäiseen sielun paloon, kokevat taivaan vielä maan päällä ollessaan. Oivaltaessaan elämän transsendenttisen olemuksen he eivät enää ole sen kivun ja kärsimyksen alaisia, joka on myötäsyntyistä elämän ja kuoleman alituisessa kierrossa.[1]

Jeesuksen tämän jakeen majesteettiset sanat oli tarkoitettu välittämään jumalallisen rohkaiseva lupaus lunastuksesta koko ihmissuvulle. Sen sijaan vuosisatojen väärinymmärrys on lietsonut suvaitsemattoman vihamielisyyden sotia, inkvisitioita kidutuksineen sekä eripuraa aiheuttavaa tuomitsemista.

"Sillä ei Jumala lähettänyt Poikaansa maailmaan tuomitsemaan maailmaa, vaan sitä varten, että maailma hänen kauttansa pelastuisi." "Maailma" tarkoittaa tässä jakeessa Jumalan luomakunnan kokonaisuutta. Heijastaessaan Intelligenssinsä luomakuntaan ja tehdessään jäsentyneen kosmoksen mahdolliseksi Jumalan tarkoituksena ei ollut rakentaa äärellisyyden vankilaa, johon sielut olisi suljettu joutuen tahtoen tai tahtomattaan osallistumaan kärsimyksen ja tuhon kuolemantanssiin. Sen sijaan Hän tahtoi tehdä itsensä lähestyttäväksi liikkeellepanevana voimana ja kannustaa maailmaa muuttumaan tietämättömyyden pimentämästä materiaalisesta ilmentymästä valaistuneeksi hengelliseksi ilmenemismuodoksi.

On totta, että Universaalin Intelligenssin värähtelevä luova ilmenemismuoto on synnyttänyt myriadeittain kosmisen teatterin houkutuksia, joiden kautta ihminen jatkuvasti harhautuu kulkemaan Hengestä aineelliseen elämään ja kääntymään Universaalista Rakkaudesta inhimillisen elämän lumoihin. Silti Jumalan kokeminen luomakunnan tuolla puolen käy mahdolliseksi Hänen luomakunnassa heijastuvan Intelligenssinsä välityksellä. Virittäytymällä yhteen sen kanssa kilvoittelija oivaltaa, ettei Jumala lähettänyt Kristus-Intelligenssiä (Hänen ainokaista Poikaansa) luomaan

---

[1] "Taivaat kääritään kokoon, ja maa levitetään silmienne edessä. Se, jolla on elämä Elävästä, ei näe kuolemaa eikä pelkoa." (Tuomaan evankeliumi, jae 111. – *Julkaisijan huomautus*)

Herra Krishna puhuu *Bhagavadgitassa* (II:40) joogatieteestä näin: "Jopa mitätön tämän uskonnon hiven suojelee ihmistä suurelta pelolta (valtavista kärsimyksistä, jotka ovat myötäsyntyisiä syntymän ja kuoleman toistuvissa kierroissa)."

Dogmi ja politiikka: Kuinka "ainokaisen Pojan" todellinen merkitys joutui kadoksiin

Kuten "Sana" (katso lukua 3), myös "ainokainen Poika" tuli merkitsemään vain Jeesuksen persoonaa sellaisen uskonkappaleiden vähittäisen kehittymisen myötä, johon vaikuttivat moninaiset teologiset ja poliittiset tekijät. Katso historiallisia yksityiskohtia esim. Richard E. Rubensteinin teoksesta *When Jesus Became God: The Struggle to Define Christianity During the Last Days of Rome* (Harcourt, New York 1999).

Ajanlaskumme kahden ensimmäisen vuosisadan aikana useiden gnostilaisten kristittyjen kirjoituksista löytyy käsitys, jonka mukaan "ainokainen Poika" on pikemminkin kosminen luomisen prinsiippi – jumalallinen *Nous* (kreikan sana älylle, mielelle tai ajatukselle) – kuin Jeesuksen persoona. Näihin kirjoittajiin lukeutuu Basilides, Theodotus, Valentinus ja Ptolemaios.

Ylistetty kirkkoisä Klemens Aleksandrialainen lainaa Theodotuksen kirjoitusta, jonka mukaan "ainokainen Poika on *Nous*" (*Excerpta ex Theodoto* 6.3). Saksalainen tutkija Werner Foerster lainaa teoksessa *Gnosis: A Selection of Gnostic Texts* (Clarendon Press, Oxford, Englanti 1972) Irenaeusta: "Basilides esittää *Nousin* olevan peräisin alkuaan ikuisesta Isästä." Vuoden 140 jKr. paikkeilla Rooman kristillisen seurakunnan suuresti arvostamalla opettajalla Valentinuksella oli Foersterin mukaan samanlaisia näkökantoja. Valentinus uskoi, että "'ainokainen' korvaa Johanneksen evankeliumin alkusanoissa *Nousin*."

Kirkko julisti kuitenkin Nikean (v. 325) ja myöhemmin Konstantinopolin (v. 381) kirkolliskokouksessa virallisena opinkappaleena, että Jeesus itse oli, Nikean uskontunnustuksen sanoin, Jumalan ainoa Poika, "joka ennen aikojen alkua on Isästä syntynyt, Valkeus Valkeudesta, tosi Jumala tosi Jumalasta, syntynyt, ei luotu, joka on samaa olemusta kuin Isä". Timothy D. Barnes kirjoittaa teoksessa *Athanasius and Constantinus: Theology and Politics in the Constantinian Empire* (Harvard University Press, 1993), että Konstantinopolin kirkolliskokouksen jälkeen "keisari sälytti sen päätökset lakiin ja julisti laillisesti epäkelpoisiksi kristityt, jotka eivät hyväksyneet Nikean uskontunnustusta ja sen tunnussanaa *homoousios* ['samaa olemusta']. Kuten on ollut pitkään tiedossa, nämä tapahtumat merkitsivät siirtymistä aikakaudesta toiseen kristillisen kirkon ja Rooman valtakunnan historiassa."

Richard E. Rubenstein selittää teoksessa *When Jesus Became God*, että tuosta hetkestä lähtien kirkon virallisen opetuksen mukaan se, joka ei hyväksynyt Jeesusta Jumalaksi, kielsi itsensä Jumalan. Tämä näkemys vaikutti vuosisatojen ajan suuresti ja usein traagisella tavalla kristittyjen ja juutalaisten suhteeseen (myöhemmin myös kristittyjen ja muslimien suhteeseen, sillä muslimit katsoivat Jeesuksen jumalalliseksi profeetaksi mutta eivät osaksi jumaluutta). Näkemyksellä oli yhtä lailla vaikutusta myös ei-kristillisille kansoille niissä maissa, jotka Euroopan kansat myöhemmin valloittivat ja kolonisoivat. *(Julkaisijan huomautus)*

kidutuskammiota, vaan jättimäisen kosmisen elokuvan, jonka näkymien ja näyttelijöiden olisi määrä hetken aikaa toimia huvituksena ja lopulta palata Hengen Autuuteen.

Tämän ymmärryksen valossa ihminen – riippumatta asemastaan suhteellisuuden maailmassa – voi tuntea yhteytensä universaaliin Henkeen ja ymmärtää Jumalan suunnattoman Intelligenssin toimivan kaikkialla luonnon suhteellisuuksissa. Pelastuksen löytää jokainen, joka uskoo ja keskittyy tuohon Intelligenssiin – Kristukseen – eikä sen seurauksiin eli ulkoiseen luomakuntaan.

Ajatus, että Herra tuomitsisi ei-uskovat synnintekijöinä, on ristiriitainen. Koska Herra itse asuu kaikissa olennoissa, tuollainen tuomio olisi tuomittu täydellisesti epäonnistumaan. Jumala ei koskaan rankaise ihmistä siitä, että tämä ei usko Häneen. Ihminen itse rankaisee itseään. Jos joku ei usko generaattoriin ja leikkaa poikki johdot, jotka yhdistävät hänen kotinsa tuohon voimanlähteeseen, hän menettää sähkövoiman hyödyt. Vastaavasti, jos kieltää kaikkialla luonnossa läsnä olevan Intelligenssin, kieltää tietoisuudeltaan yhteyden siihen jumalallisen viisauden ja rakkauden Lähteeseen, joka antaa voimaa Hengessä kohoamiseen.

Jumalan läsnä olemisen tunnustaminen voi alkaa niin yksinkertaisesti kuin rakkauden ulottamisena yhä laajempaan piiriin. Ihminen tuomitsee itsensä rajoittuneeksi aina kun ajattelee yksin omaa pientä itseään, omaa perhettään, omaa kansaansa. Luonnon ja ihmisen paluuta Jumalaan luonnehtii laajenemisen kehityskulku. Rajoittuminen perhetunteeseen – "me neljä eikä muita" – on väärin. Ihmiskunnan laajemman perheen pois sulkeminen merkitsee Äärettömän Kristuksen pois sulkemista. Irrottautuessaan muiden onnesta ja hyvinvoinnista ihminen on jo tuominnut itsensä eristäytymällä Hengestä, joka täyttää kaikki sielut. Jos ei ulota itseään rakkaudessa ja palvelustyössä kohti muissa olevaa Jumalaa, sulkee itsensä pois siitä pelastavasta voimasta, jota yhteys Kristuksen universaalisuuteen merkitsee. Jokaiselle ihmisolennolle on annettu voima tehdä hyvää. Jos hän jättää hyödyntämättä tätä ominaisuutta, hänen hengellisen kehityksensä taso ei ole juuri muuta kuin eläimen vaistonvaraista oman edun tavoittelua.

Ihmissydänten puhdas rakkaus säteilee universaalia Kristus-rakkautta. Rakkauden piirin jatkuvaan laajentamiseen kuuluu tietoisuuden virittäminen yhteen ainokaisen Pojan kanssa. Perheenjäsenten rakastaminen on ensi askel laajennettaessa itsensä rakastamista lähellä oleviin. Kristuksen rakkauden tunteminen merkitsee kaikkien ihmisolentojen rakastamista, olivatpa nämä mitä rotua ja kansallisuutta tahansa.

Jumala yksin kaikkiallisena Kristuksena vastaa jokaisesta elämän ilmenemismuodosta. Herra maalaa loistavia maisemia alati vaihtuviin pilviin ja taivaalle. Hän luo tuoksuvan suloisuutensa alttareita kukkiin. Kristukselle antautunut näkee Jumalan valon sulautuneena kaikkeen ja jokaiseen – ystäviin ja vihollisiin, vuoriin, metsiin, valtamereen, ilmaan, pyörivään linnunradan taivaankanteen, joka kaareutuu kaiken ylle. Hän tajuaa, että yhden Valkeuden myriadit ilmenemismuodot ovat Jumalan intelligenssin luomia, vaikka näyttävätkin kaoottisilta yhteentörmäyksineen ja ristiriitoineen. Noita muotoja ei tehty ihmisten harhauttamiseksi tai kiusaamiseksi, vaan siksi, että taipuisimme etsimään Jumalaa, josta olemme syntyneet.

Jos ei tarkkaa osia vaan kokonaisuutta, näkee luomisen tarkoituksen: me olemme poikkeuksetta ja hellittämättä siirtymässä kohti universaalia pelastusta. Kaikki joet virtaavat kohti valtamerta; elämämme virrat liikkuvat kohti Jumalaa.

Valtameren pinnan aallot muuttuvat koko ajan niiden kirmatessa tuulen ja vuorovesi-ilmiön mukana, mutta niiden merellinen olemus pysyy vakiona. Jos keskittyy elämän yhteen eristyneeseen aaltoon, joutuu kärsimään, koska tuo aalto on epävakaa eikä kestä. Juuri tätä Jeesus tarkoitti "tuomitulla". Ruumiiseen sidottu ihminen luo itse oman tuomionsa eristämällä itsensä Jumalasta. Pelastuakseen hänen tulee oivaltaa jälleen erottamaton yhteytensä jumalallisen Kaikkiallisuuden kanssa.

"Herätessä, syödessä, työtä tehdessä, uneksiessa, nukkuessa, palvellessa, meditoidessa, laulaessa, jumalallisesti rakastaessa sieluni jatkuvasti hyräilee, kenenkään kuulematta:
Jumala! Jumala! Jumala!"[2]

---

[2] Paramahansa Yoganandan teoksesta *Songs of the Soul* (julkaissut Self-Realization Fellowship).

Tällä tavoin ihminen jatkuvasti säilyy tietoisena yhteydestään muuttumattomaan Jumalalliseen Intelligenssiin – absoluuttiseen hyvyyteen, joka piilee luomakunnan ajatuksia herättävien arvoitusten takana.

"Joka uskoo häneen, sitä ei tuomita; mutta joka ei usko, se on jo tuomittu." Tämä tuo esiin myös "uskon" osuuden siihen, tuomitaanko ihminen vai ei. Ihmisistä, jotka eivät tajua Absoluutin läsnäoloa suhteellisuuden maailmassa, tulee helposti joko skeptikkoja tai dogmaatikkoja. Molemmille uskonto merkitsee sokeita uskomuksia. Skeptikko torjuu uskon yhtä jääräpäisesti kuin dogmaatikko takertuu siihen, koska kumpikaan ei kykene sovittamaan ajatusta hyvästä Jumalasta yhteen luomakunnan päällepäin näkyvien kärsimysten kanssa.

Jeesuksen opettamat totuudet ulottuivat kauas sellaisen sokean uskomukseen uskomisen tuolle puolen, joka kasvaa tai vähenee papin tai kyynikon paradoksaalisten lausumien vaikutuksesta. Usko uskomuksen merkityksessä on hengellisen edistymisen alkuaste; sitä tarvitaan Jumala-käsitteen omaksumiseksi. Tuon käsitteen on kuitenkin määrä muuttua vakaumukseksi, kokemukseksi. Usko uskomuksen merkityksessä on vakaumuksen edelläkävijä: on uskottava johonkin asiaan niin paljon, että sen oikeellisuutta ryhtyy kunnolla tutkimaan. Jos taas tyytyy pelkkään johonkin asiaan uskomiseen, siitä tulee dogmi – ja se vie ahdasmielisyyteen ja toimii totuuden ja hengellisen edistyksen esteenä. Uskomuksen maaperässä on välttämättä kasvatettava jumalyhteyden ja Jumalan suoran kokemisen satoa. Tällainen kiistämätön oivallus pelastaa ihmisen, ei pelkkä usko uskomuksen merkityksessä.

Joku ehkä sanoo minulle: "Minä uskon Jumalaan." Minä kysyn häneltä: "Miksi uskot? Miten tiedät, että Jumala on olemassa?" Jos vastaus perustuu otaksumaan tai toisen käden tietoon, sanon, ettei hän todella usko. Pitääkseen vakaumusta yllä ihmisellä täytyy olla jotain todistetta sitä tukemassa. Muuten se on pelkkä dogmi ja helppo saalis epäilylle.

Jos osoittaisin pianoa ja julistaisin sen elefantiksi, älykkään ihmisen ymmärrys sotisi moista mielettömyyttä vastaan. Vastaavasti, jos Jumalaa koskevia dogmeja propagoidaan ilman kokemuksen ja oivalluksen vahvistusta, ennemmin tai myöhemmin – päinvastaisen kokemusaineiston kertyessä – järki alkaa epäillä noiden ajatusten totuutta. Kun erittelevän tutkimisen aurinko ja sen korventavat säteet käyvät yhä kuumemmiksi, hauraat ja perustelemattomat uskomukset lakastuvat ja kuihtuvat; jäljelle jää epäilyn, agnostisismin tai ateismin joutomaa.

Tieteellinen meditaatio ylittää pelkän filosofian ja virittää tietoisuuden yhteen korkeimman, suurenmoisen totuuden kanssa. Kilvoittelija siirtyy askel askeleelta kohti tosiasiallista oivallusta ja välttää hämmentävät harhailut. Aito hengellinen elämä rakentuu, kun joogamenetelmiä hyväksi käyttäen saadaan uskomukset todennettua ja koettua välittömästi intuitiivisen oivalluksen kautta. Näin syntyy tae epäilyä vastaan.

Usko on mahtava voima, jos se johtaa haluun ja päätökseen kokea Kristus. Juuri tätä Jeesus tarkoitti kehottaessaan ihmisiä uskomaan "Jumalan ainokaisen Pojan nimeen": Tietoisuus ja elämänenergia vedetään meditaation avulla pois aisteista ja aineellisuudesta, niin että koetaan intuitiivisella tavalla *Aum*, Sana. Tämä on kaikkiallinen Kosminen, Värähtelevä Energia, joka on kaikkialla läsnä olevan Kristus-tietoisuuden "nimi" eli elävä ilmentymä. Joku voi lakkaamatta puolustaa älyllistä uskoa Jeesukseen Kristukseen, mutta jos hän ei koskaan oikeasti koe Kosmista Kristusta sekä kaikkiallisena että inkarnoituneena Jeesukseen, hänen uskonsa hengellinen käytäntö ei riitä pelastamaan häntä.

Kukaan ei pelastu toistelemalla vain Herran nimeä tai ylistämällä Häntä paisutelluin halleluja-huudoin. Jeesuksen opetusten vapauttavaa voimaa ei vastaanoteta sokeassa uskossa hänen nimeensä tai hänen henkilöänsä palvomalla. Todellinen Kristuksen palvonta on Kristus-oivalluksen jumalallista yhteyttä laajentuneen tietoisuuden seinättömässä temppelissä.

Jumala ei heijasta "ainokaista Poikaansa" maailmaan toimiakseen kuin leppymätön etsivä, joka jäljittää uskottomia rangaistaviksi. Vapahtava Kristus-Intelligenssi asuu jokaisen sielun kätköissä riippumatta siitä, kuinka paljon sielun ruumiilliseen asuun on kerääntynyt syntejä tai hyveitä. Se odottaa loputtoman kärsivällisesti, että ihminen herää meditaatiossa harhan myrkyttämästä unesta vastaanottamaan pelastuksen armon. Jos ihminen uskoo tähän Kristus-Intelligenssiin ja kehittää hengellisellä toiminnalla halua etsiä pelastusta tämän Jumalasta heijastuvan tietoisuuden yhteydestä, hänen ei enää tarvitse sokeasti vaeltaa vääriä, harhaisia polkuja. Hän liikkuu tasaisin askelin varmasti kohti vapahtavaa jumalallista armoa.

Mutta ei-uskova, joka ylenkatsoo ajatusta tästä Pelastajasta, ainoasta tiestä pelastukseen, tuomitsee itsensä kehosidonnaiseen tietämättömyyteen ja sen seuraamuksiin, kunnes herää hengellisesti.

❖ ❖ ❖

"Mutta tämä on tuomio, että valkeus on tullut maailmaan, ja ihmiset rakastivat pimeyttä enemmän kuin valkeutta; sillä heidän tekonsa olivat pahat. Sillä jokainen, joka pahaa tekee, vihaa valkeutta eikä tule valkeuteen, ettei hänen tekojansa nuhdeltaisi. Mutta joka totuuden tekee, se tulee valkeuteen, että hänen tekonsa tulisivat julki, sillä ne ovat Jumalassa tehdyt." (Joh. 3:19–21.)

Kaikkiallinen Jumalan valo, joka on universaalin Kristus-Intelligenssin täyttämä, säteilee hiljaa jumalallista rakkautta ja viisautta johdattaakseen kaikkia olentoja takaisin Äärettömään Tietoisuuteen. Sielu on Hengen mikrokosmos; se on ihmisessä aina läsnä oleva valo ja johdattaa häntä erittelevän älyn ja omantunnon intuitiivisen äänen avulla. Tosin aivan liian usein haluihin perustuvista tottumuksista johtuvat järkeilyt ja oikut estävät häntä seuraamasta tuota johdatusta. Saatanan kosmisen harhan houkuttamana ihminen valitsee tekoja, jotka sammuttavat sisäisen johdatuksen erittelevän valon.

Synnin alkuperä ja sen seurauksena syntynyt fyysinen, henkinen ja hengellinen kärsimys selittyvät siis siten, että ihmisen käyttäessä väärin Jumalan antamaa vapaan valinnan oikeuttaan hän tukahduttaa sielun jumalallisen intelligenssin ja arvostelukyvyn. Vaikka ymmärtämättömät ihmiset siirtävät Jumalalle omat kostonhimoiset taipumuksensa, se "tuomio", josta Jeesus puhui, ei ole tyrannisoivan Luojan mittaama tuomio. Kyse on seurauksista, jotka ihminen aikaansaa omilla teoillaan syyn ja seurauksen (karman) lain ja tottumuksen lain mukaisesti.

Halut pitävät tietoisuuden keskittyneenä ja kahlehdittuna aineelliseen maailmaan – "pimeyteen" eli kosmisen luomakunnan karkeaan puoleen, jossa Jumalan valaiseva läsnäolo on vahvasti *maya*-harhan varjojen hämärtämää. Haluilleen periksi antaen tietämättömät sielut, jotka ovat inhimillisesti samaistuneet kuolevaisiin egoihin, noudattavat jatkuvasti vääriä elämäntapoja ja nämä juurtuvat syvälle aivoihin maailmallisen käyttäytymisen pahoina tottumuksina.

Kun Jeesus sanoi, että ihmiset rakastavat pimeyttä eikä valkeutta, hän viittasi tosiasiaan, että aineelliset tottumukset pitävät miljoonia erossa

"Yksittäinen" eli hengellinen silmä

"Silmä on ruumiin lamppu. Jos siis silmäsi on yksi, niin koko sinun ruumiisi on valaistu.* Mutta jos silmäsi on huono, niin koko ruumiisi on pimeä. Jos siis se valo, joka sinussa on, on pimeyttä, kuinka suuri onkaan pimeys!" (Matt. 6:22–23.)

Valo, joka paljastaa Jumalan, on kehossa keskellä otsaa syvässä meditaatiossa nähtävä "yksittäinen" tai "yksi" silmä. Se on portti Jumalan läsnäoloon. Kun kilvoittelija pystyy katsomaan tämän hengellisen silmän läpi, hän näkee koko kehonsa samoin kuin kosmisen kehonsa täynnä kosmisesta värähtelystä virtaavaa Jumalan valoa.

Kiinnittämällä kahden silmänsä katseen kulmakarvojen väliseen kohtaan sisäisesti keskittyneessä meditaatiossa ihminen pystyy kohdistamaan oikean ja vasemman silmän positiivis-negatiiviset energiat ja yhdistämään niiden virrat jumalallisen valon yksittäisessä silmässä. Tietämätön, materialistinen ihminen ei tiedä mitään tästä valosta. Kuitenkin jokainen, joka on harjoittanut vähänkin meditointia, voi satunnaisesti nähdä sen. Kilvoittelijan edistyessä hän näkee tämän valon milloin tahtoo, silmät suljettuina tai avosilmin, päivänvalossa tai pimeydessä. Hengellisesti edennyt Jumalan palvoja pystyy näkemään tämän valon niin kauan kuin haluaa. Kun hänen tietoisuutensa kykenee tunkeutumaan tuohon valoon, hän pääsee transsendenttisen oivalluskyvyn korkeimpiin tiloihin.

Kun sen sijaan ihmisen katse ja mieli ovat kääntyneet pois Jumalasta ja keskittyneet pahoihin vaikuttimiin ja maailmallisiin toimiin, hänen elämänsä on täynnä harhaisen tietämättömyyden, hengellisen välinpitämättömyyden ja kurjuutta aiheuttavien tottumusten pimeyttä. Sisäinen kosminen valo ja viisaus pysyvät kätkössä. "Kuinka suuri onkaan pimeys" materialistisen ihmisen mielessä. Hän tietää vain vähän tai ei mitään jumalallisesta todellisuudesta ja ottaa vastaan mielihyvää tai -pahaa tuntien sen, mitä hänen tielleen harhan maailmassa osuu. Tällaisessa raskaassa tietämättömyydessä eläminen ei ole sopivaa inkarnoituneelle sielutietoisuudelle.

Hengellistyneen ihmisen keho ja mieli ovat sisäisesti valaistuneet astraalisella valolla ja viisaudella. Fyysisen ja mentaalisen pimeyden varjot ovat kadonneet, ja hän näkee koko kosmoksen täynnä Jumalan valoa, viisautta ja iloa. Hänessä ilmentyy täysin Itse-oivalluksen valo, ja hän kokee jumalallisen viisauden kuvaamatonta iloa ja loputonta johdatusta.

Jumalasta. Hän ei tarkoittanut, että kaikki ihmiset rakastavat pimeyttä – vain ne, jotka eivät ponnistele vastustaakseen Saatanan houkutuksia. Nämä omaksuvat helpon tien, jota pitkin laskettelevat alas pahojen tapojen kukkulaa, ja siten tottuvat maailmallisen tietoisuuden pimeyteen. He sulkevat pois Kristus-tietoisuuden äänen, joka kuiskailee heidän omassatunnossaan, ja siksi he jäävät vaille äärettömän paljon houkuttelevampaa iloa. Sen he löytäisivät niiden hyvien tottumusten avulla, joihin heidän sielunsa johdattava viisauden valo heitä paimentaa.

❖ ❖ ❖

Niinpä Jeesus tähdentää, että maallinen tapa suosia aineellisuuden pettävää pimeyttä on karkotettavissa tietoisuudesta sielun heräävällä valolla. Kun ihminen tahdonvoimaa käyttäen meditoi säännöllisesti ja syvällisesti, hän saavuttaa äärimmäisen tyydyttävän ja autuaallisen Jumala-yhteyden ja pystyy palauttamaan tuon ilon tietoisuuteensa milloin ja missä tahansa.

❖ ❖ ❖

Niin kauan kuin ihminen on pahojen ajatusten ja tapojen myrkyttämä, hänen synkkä mielenlaatunsa vihaa valoa ja totuutta. Huonojen tottumusten hyvä puoli on kuitenkin se, että ne harvoin pitävät lupauksensa. Ne osoittautuvat lopulta piintyneiksi valehtelijoiksi. Juuri tämän takia sieluja ei voi loputtomiin pettää ja orjuuttaa. Vaikka huonoja tapoja omaavat aluksi kavahtavat ajatusta paremmasta elämästä, he kääntyvät kohti Jumalan viisauden valoa löytääkseen helpotusta, kunhan ovat saaneet tarpeekseen pahoista tavoistaan ja saavuttaneet kyllästymispisteen kärsittyään kyllin niiden seurauksista. Käänne alkaa siitä huolimatta, että jäljellä voi yhä olla syvälle juurtuneita huonoja tottumuksia, jotka joudutaan kukistamaan. Mikäli uudelle tielle lähteneet jatkuvasti noudattavat Totuuden kanssa yhtäpitäviä elämäntapoja, he pääsevät sen valossa kokemaan iloa ja sisäistä rauhaa, joita itsehallinta ja hyvät tottumukset suovat.

"Mutta joka totuuden tekee, se tulee valkeuteen, että hänen tekonsa tulisivat julki, sillä ne ovat Jumalassa tehdyt." – – Kun kilvoittelija yrittää päivittäin muuttaa jotain, joka hänessä ei ole hyvää, hän voittaa asteittain vanhat totunnaiset, materialistiset tapansa. Hänen tekonsa ja koko hänen

elämänsä ovat uudestaan luotuja, "Jumalassa tehdyt". Hän on todella uudestisyntynyt. Noudattaen päivittäisen tieteellisen meditoinnin hyvää tapaa hän näkee Kristuksen viisauden valon, Pyhän Hengen jumalallisen energian, ja tulee kastetuksi siinä. Silloin hänen aivoistaan tosiasiallisesti häviävät kytkennät, jotka ovat muodostuneet pahojen ajatus- ja toimintatapojen voimasta. Hänen intuitiivisen ymmärryksensä hengellinen silmä avautuu. Se suo erehtymätöntä johdatusta elämän polulle, näyn Jumalan taivaallisesta valtakunnasta sekä sisäänkäynnin tuohon valtakuntaan – ja lopulta ykseyden Hänen kaikkiallisen tietoisuutensa kanssa.

III OSA

Jeesuksen jumalallisen rakkauden jooga

Kuva: Heinrich Hofmann

Vuorisaarna

Luku 7

Autuaita ovat...

Niin hän avasi suunsa ja opetti heitä ja sanoi: "Autuaita ovat hengellisesti köyhät, sillä heidän on taivasten valtakunta" (Matt. 5:2–3).

Rinnakkainen kohta:

Ja hän nosti silmänsä opetuslastensa puoleen ja sanoi: "Autuaita olette te, köyhät, sillä teidän on Jumalan valtakunta" (Luuk. 6:20).

Opetustensa aikana Jeesus levitti sekä äänensä että silmiensä välityksellä jumalallista elämänvoimaansa ja värähtelyään opetuslasten ylle. Näin he tyyntyivät ja virittäytyivät lumoutuneina yhteen hänen kanssaan, niin että he pystyivät vastaanottamaan intuitiivisesti täysin mitoin hänen viisauttaan.

Jeesuksen runolliset jakeet, jotka alkavat sanoilla "Autuaita ovat..." ovat Vuorisaarnasta. Autuaaksi julistaminen merkitsee äärimmäisen onnelliseksi tekemistä, ja autuus tarkoittaa taivaan siunauksellisuutta ja auvoa. Saarnassaan Jeesus opettaa voimakkaasti ja yksinkertaisesti niitä moraalisia ja uskonnollisia periaatteita, jotka ovat kaikuneet heikentymättä läpi aikojen. Niiden avulla ihmisen elämästä tulee siunattua ja hän täyttyy taivaallisella autuudella.

Sanaa "köyhät" käytetään ensimmäisessä autuaaksi julistamisessa tarkoittamaan, että ihminen on vailla kaikkea hengellisen mahdin ulkokohtaista komeilua. Todellista hengellisyyttä omaavat eivät koskaan kerskaillen esittele sitä. Heissä päinvastoin ilmenee aivan luonnollisella tavalla egon ja sen pöyhkeilevyyden nöyrä puuttuminen. Ihminen on "hengellisesti köyhä", kun hänen sisäinen olemuksensa, henkensä, on riisuttu aineellisten kohteiden, maallisen omaisuuden, materialistismielisten ystävien ja itsekkään inhimillisen rakkauden haluamisesta sekä takertumisesta kaikkeen tuollaiseen. Tämä sisäinen luopuminen merkitsee puhdistumista; sen myötä sielu oivaltaa omistaneensa aina Viisauden ja Autuuden Ikuisen Valtakunnan kaikki rikkaudet, ja tuossa valtakunnassa se asustaa tästä lähtien jatkuvassa yhteydessä Jumalaan ja hänen pyhiinsä.

"Hengellinen köyhyys" ei merkitse, että täytyisi ehdottomasti olla vaivainen ja köyhä, sillä kehon perustarpeiden puutostila saattaa kääntää mielen pois Jumalasta. Sen sijaan hengellinen köyhyys tarkoittaa, että ei tule tyytyä aineellisiin pyrintöihin hengellisten rikkauksien kustannuksella. Aineellisesti rikkaat ihmiset saattavat olla sisäiseltä hengelliseltä kehitykseltään köyhiä, jos varallisuus täyttää heidän mielensä. Toisaalta ne, jotka ovat mieluiten aineellisesti "köyhiä" – jotka ovat pelkistäneet ulkoiset elinolonsa saadakseen aikaa Jumalaa varten – tulevat kokoamaan hengellisiä rikkauksia ja täyttymyksen, jonka kaltaista aarretta ei voi kullalla ostaa.

Niinpä Jeesus ylisti sieluja, jotka ovat hengellisesti köyhiä, jotka eivät takerru henkilökohtaisiin maallisiin tavoitteisiin ja aarteisiin, koska he pyrkivät etsimään Jumalaa ja palvelemaan muita: "Olette siunattuja köyhyytenne tähden. Se tulee avaamaan portit kaikkivoivan Jumalan valtakuntaan. Hän vapauttaa teidät ikuisesti yhtä lailla aineellisesta kuin hengellisestä puutteesta. Siunattuja olette te, jos olette puutteellisia ja etsitte Häntä, joka yksin voi vapauttaa teidät vajavaisuudesta ikuisiksi ajoiksi!"

Kun ihmisen henki luopuu halusta tämän maailman kohteisiin tietäen ne kuvitelluiksi, katoaviksi, harhaanjohtaviksi ja sielulle sopimattomiksi, hän alkaa löytää todellista iloa kehittäessään pysyvästi tyydyttäviä sielun ominaisuuksia. Viettäessään ulkoista elämää nöyrästi ja sisäisesti luopuen, uppoutuneena sielun taivaalliseen autuuteen ja viisauteen, kilvoittelija lopulta perii kuolemattomien siunausten kadotetun valtakunnan.

❖ ❖ ❖

"Autuaita ovat murheelliset, sillä he saavat lohdutuksen" (Matt. 5:4).

Rinnakkainen kohta:

"Autuaita te, jotka nyt itkette, sillä te saatte nauraa!" (Luuk. 6:21.)

Tavallisten ihmisten surut aiheutuvat inhimillisen rakkauden tai aineellisen omaisuuden menetyksistä ja pettymyksistä maallisissa toiveissa. Jeesus ei ylistänyt tällaista kielteistä mielentilaa, joka pimittää psyykkisen onnellisuuden ja on äärimmäisen haitallinen ihmisen pyrkiessä säilyttämään meditaatiossa ahkerin ponnistuksin löytämäänsä hengellistä autuutta. Jeesus puhui jumalallisesta alakulosta, joka herää ihmisen tajutessa olevansa erossa Jumalasta. Tämä luo sielussa kyltymättömän kaipuun päästä jälleen Ikuisen Rakastetun yhteyteen. Ne, jotka todella murehtivat Jumalan kaipuussa ja jotka vaikeroivat lakkaamatta Hänen puoleensa meditoiden yhä syvemmin, saavat lohdun Jumalan paljastaessa heille Viisauden ja Autuuden.

Hengellisesti välinpitämättömät Jumalan lapset kestävät elämän kärsimyksiä vihaisen, alistuneen tappiomielialan vallassa sen sijaan että kääntyisivät Jumalan puoleen apua pyytäen. Mutta hurmaavan tuhma lapsi, joka jatkuvasti itkee hengellisen tietämyksen perään, vetää loppujen lopuksi puoleensa jumalallisen Äidin vastauksen. Armollinen Äiti tulee sinnikkään lapsensa luo mukanaan viisauden ja rakkauden lohtunsa; se paljastuu intuition välityksellä tai oivaltamalla välähdyksittäin Hänen läsnäolonsa. Mikään muu lohdutus ei voi lievittää välittömästi lukemattomien inkarnaatioiden surua.

Jos ihminen yrittää tyynnyttää hengellistä murhetta aineellisilla lohdukkeilla, hän huomaa murehtivansa jälleen, kun elämän tai kuoleman ahdingot tempaavat pois nuo hauraat turvat. Sen sijaan ne, jotka itkevät löytääkseen Totuuden ja Jumalan kieltäytyen rauhoittumasta mistään vähemmästä lahjasta, saavat ikuisen lohdutuksen autuaan Jumalan käsivarsilla.

"Siunattuja olette te, jotka nyt ikävöitte Jumala-oivallusta, sillä määrätietoisella kaipuullanne te tulette sen saavuttamaan. Olette naurava ja riemuitseva ikuisesti siinä alati uudessa ilossa, joka löytyy Jumalan yhteydestä."

❖ ❖ ❖

"Autuaita ovat hiljaiset, sillä he saavat maan periä" (Matt. 5:5).

Nöyryys ja hiljaisuus luovat ihmiseen pohjattoman tilan, johon Totuus voi saapua ja jossa se voi pysyä. Ylpeä, kiivasluonteinen ihminen on kuin sananlaskun pyörivä kivi, joka pyörii alas tietämättömyyden kukkulaa keräämättä viisauden sammalta. Hiljaiset sielut taas ovat rauhassa innokkaan henkisen valmiuden laaksossa ja keräävät viisauden vettä, jota virtaa inhimillisistä ja jumalallisista lähteistä ravitsemaan heidän sielun ominaisuuksiensa kukoistavaa notkelmaa.

Kopea egoisti on helposti ärsyyntyvä, puolustuskannalla ja vihaisen hyökkäävä. Hän vastustaa viisauden lähettiläitä, jotka etsivät pääsyä hänen elämänsä linnaan. Sen sijaan sävyisä ja nöyrä alttius vetää puoleensa niiden kosmisten voimien siunattujen enkelien näkymätöntä myötävaikutusta, jotka tarjoavat aineellista, sielullista ja hengellistä hyvinvointia. Niinpä hengen sävyisyys perii ylenpalttisen viisauden ohella maan eli maallisen onnen.

❖ ❖ ❖

"Autuaita ovat ne, jotka isoavat ja janoavat vanhurskautta, sillä heidät ravitaan" (Matt. 5:6).

Rinnakkainen kohta:

"Autuaita te, jotka nyt isoatte, sillä teidät ravitaan!" (Luuk. 6:21.)

Sanat "janota" ja "isota" tarjoavat osuvan vertauskuvan ihmisen hengelliselle etsinnälle. Ihmisen täytyy ensin janota teoreettista tietämystä siitä, miten pelastus saavutetaan. Sammutettuaan tämän janonsa opettelemalla käytännön menetelmiä, jotka johtavat Jumalan tosiasialliseen kohtaamiseen, hän pystyy lopulta tyydyttämään sisäisen Totuuden nälkänsä nauttimalla päivittäin meditaation suomaa jumalallista hengellisen oivalluksen mannaa.

Aineellisista asioista tyydytystä etsivät huomaavat, että heidän halujensa jano ei milloinkaan sammu eikä heidän nälkänsä lopu omaisuuksia hankkimalla. Jokaisessa ihmisessä vaikuttava yllyke sisäisen tyhjyyden täyttämiseen on sielun jumalkaipuuta. Se on lievitettävissä ainoastaan oivaltamalla oma kuolemattomuutensa ja häviämätön jumaluuden tilansa Jumala-yhteydessä. Kun ihminen tyhmyyksissään yrittää sammuttaa sielunsa janoa aistillisilla onnen korvikkeilla, hän harhailee katoavasta huvituksesta toiseen, lopulta torjuen ne riittämättöminä.

Aistinautinnot kuuluvat kehoon ja alempaan mieleen; ne eivät suo ravintoa ihmisen sisimmälle olemukselle. Kaikki aistillisten antien ruokkimat kärsivät hengellisestä nääntymyksestä. Sitä voi lievittää vain vanhurskaus eli teot, asenteet ja ominaisuudet, jotka ovat sielulle sopivia, kuten hyve, hengellinen käyttäytyminen, autuus, kuolemattomuus.

Vanhurskaus merkitsee oikeaa toimimista elämän fyysisellä, mentaalisella ja hengellisellä saralla. Ihmiset, jotka janoavat ja isoavat täyttääkseen elämän ylimmät velvoitteet, saavat osakseen Jumalan alati uuden autuuden: "Siunattuja olette te, jotka janoatte viisautta ja jotka arvostatte hyvettä ja vanhurskautta aitona ruokana sisäisen nälkänne tyydyttämiseksi: te koette sen pysyvän onnellisuuden, jonka vain pitäytyminen jumalallisiin ihanteisiin suo – sydämen ja sielun vertaansa vailla olevan tyydytyksen."

❖ ❖ ❖

"Autuaita ovat laupiaat, sillä he saavat laupeuden" (Matt. 5:7).

Laupeus on eräänlaista isällistä sydänsurua puutteellista ja erehtyväistä lasta kohtaan. Se on Jumalallisen Luonnon sisäinen ominaisuus. Jeesuksen elämäntarinasta löytyy yllin kyllin kertomuksia laupeudesta, joka ilmeni ylevästi hänen teoissaan ja henkilössään. Täydellistyneissä taivaallisissa Jumalan pojissa näemme ilmi tulleena kätketyn transsendenttisen Isän sellaisena kuin Hän on. Mooseksen Jumala kuvataan vihan Jumalana. (Tosin en usko Mooseksen koskaan ajatelleen Jumalaa Vanhan testamentin esittämänä kostonhimoisena tyrannina; Mooseshan puhui Jumalalle "kasvoista kasvoihin, niinkuin mies puhuttelee ystäväänsä".) Mutta Jeesuksen Jumala oli hyvin hellä. Juuri tätä Isän hellyyttä ja laupeutta Jeesus osoitti, kun hän ei tuominnut ja tuhonnut vihollisia, jotka ristiinnaulitsivat hänet, vaan pyysi Isää antamaan heille anteeksi, "sillä he eivät tiedä, mitä he tekevät".

Jeesus piti Jumalan kärsivällisen sydämen tapaan ihmisiä pieninä lapsina, jotka eivät ymmärrä. Jos pikkulapsi nappaa veitsen ja iskee sinua, et halua tappaa lasta kostoksi. Se ei tajua, mitä on tehnyt. Jos katsot ihmiskuntaa niin kuin rakastava isä seuraa katseellaan lapsiaan ja olet valmis kärsimään heidän puolestaan, jotta he saisivat vähän auringonpaistetta ja voimaa Jumalan hengestä, sinusta tulee Kristuksen kaltainen: Jumala teoissa.

Vain viisaat voivat olla todella laupiaita, sillä he näkevät jumalallisesti oivaltaen jopa pahantekijät sieluina – Jumalan lapsina, jotka ansaitsevat myötätuntoa, anteeksiantoa, apua ja johdatusta harhaan suistuttuaan. Laupeus merkitsee kykyä olla auttavainen. Vain edistyneet tai soveliaat sielut pystyvät olemaan käytännöllisesti ja laupiaasti hyödyllisiä. Laupeus ilmentää itseään hyödyllisesti, kun isällinen sydänsuru lieventää vaateliaan tuomiohengen ankaruuden ja tarjoaa anteeksiantoa sekä aitoa hengellistä apua yksilön hairahduksen korjaamiseksi.

Moraalisesti heikko mutta hyvään pyrkivä, syntinen (sellainen, joka rikkoo oman onnellisuutensa pilkkaamalla jumalallisia lakeja), ruumiillisesti raihnainen, psyykkisesti heikko, hengellisesti tietämätön – kaikki he tarvitsevat armollista apua sieluilta, joiden sisäinen kehitys tekee heidät sopiviksi antamaan ymmärtävää apua. Jeesuksen sanat kehottavat kilvoittelijaa: "Kokeaksesi jumalallista laupeutta ole laupias itsellesi tekemällä itsestäsi hengellisesti kelvollinen, ja ole laupias myös muita Jumalan harhaan joutuneita lapsia kohtaan. Jos kehität itseäsi jatkuvasti kaikin tavoin ja tunnet laupiaasti myötätuntoa niitä kohtaan, jotka eivät ole kaikin puolin kehittyneitä ja lievität heidän tilaansa, hellytät varmasti Jumalan sydämen ja saat osaksesi Hänen päättymättömän ja verrattoman avuliaan laupeutensa."

"Autuaita ovat puhdassydämiset, sillä he saavat nähdä Jumalan" (Matt. 5:8).

Täydellinen uskonnollinen kokemus on välitöntä Jumalan oivaltamista, ja tätä varten sydämen puhdistuminen on välttämätöntä. Kaikki kirjoitukset ovat asiasta yhtä mieltä. *Bhagavadgita*, Intian kuolematon kirjoitus joogasta, uskonnon tieteestä ja jumalyhteydestä, puhuu sellaisen ihmisen siunatusta tilasta ja jumalallisesta oivaltamisesta, joka on saavuttanut sisäisen puhdistumisen:

Kun joogi on täysin tyynnyttänyt mielensä ja ottanut hallintaansa intohimot sekä vapauttanut ne kaikista epäpuhtauksista sekä on yhtä Hengen kanssa – hän on totisesti saavuttanut korkeimman siunauksen.

Joogi näkee oman Itsen (Henkeen liittyneenä) kaikissa luontokappaleissa ja kaikki luontokappaleet Hengessä, kun hänen sielunsa on yhtynyt joogan avulla Henkeen ja hän näkee kaikkien asioiden yhdenvertaisuuden.

Hän, joka oivaltaa Minut kaikessa ja näkee kaiken Minussa, ei koskaan kadota Minua silmistään enkä Minä milloinkaan kadota häntä silmistäni. (Bhagavadgita VI:27, 29–30.)

Intian *rishit* ovat muinaisista ajoista lähtien tutkineet tarkoin totuuden ydintä ja selittäneet yksityiskohtaisesti sen merkitystä. Patanjali, joogatieteen maineikas tuntija, aloittaa *Joogasutransa* julistamalla: Yoga chitta vritti *nirodha* – "Jooga (tieteellinen tapa saavuttaa yhteys Jumalan kanssa) on *chittan* muunnosten kumoamista (*chitta* on sisäinen 'sydän', tunteen voima; laajamerkityksinen termi mielenaineksen kasaumalle, joka synnyttää älyllistä tietoisuutta)". Sekä järki että tunne ovat peräisin tästä sisäisestä älyllisen tietoisuuden kyvystä.

Kunnioitettu guruni, Swami Sri Yukteswar, oli nykyaikana ensimmäisiä, jotka paljastivat Kristuksen opetusten yhtäläisyyden Intian *sanatana dharman* kanssa. Hän kirjoitti syvällisesti siitä, kuinka ihmisen hengellinen kehitys koostuu sydämen puhdistamisesta. Tilasta, jossa tietoisuus on täysin *mayan* sumentama (tämä on "pimeän sydämen" tila), ihminen etenee toisiaan seuraavien vaiheiden läpi: muuttuvan sydämen, vakaan sydämen ja antautuneen sydämen kautta. Lopulta hän saavuttaa puhtaan sydämen tilan, jossa hän Sri Yukteswarin mukaan "kykenee tajuamaan Hengellisen Valon, Brahman [Hengen], maailmankaikkeuden Todellisen Substanssin."[1]

Jumala oivalletaan sielun näkökyvyllä. Jokainen sielu on synnynnäisessä tilassaan kaikkitietävä ja katsoo Jumalaa eli Totuutta suoraan intuitiolla. Puhdas järki ja puhdas tunne ovat molemmat intuitiivisia, mutta kun järki on aistisidonnaisen mielen älyllisyyden rajoittama ja kun tunne liittyy egoistiseen emootioon, nämä sielun ominaisuudet tuottavat vääristyneitä havaintoja.

Jumalallisen näkökyvyn menetetyn kirkkauden palauttaminen on tämän autuaaksi julistamisen tarkoitus. Siunaus, joka tulee sydämeltään täydellisesti puhtaalle, on sama, johon viitataan pyhän Johanneksen evankeliumissa: "Mutta kaikille, jotka ottivat hänet vastaan, hän antoi voiman tulla Jumalan pojiksi."* Jokaiselle kilvoittelijalle, joka vastaanottaa ja heijastaa kaikkiallista Jumalallista Valoa eli Kristus-tietoisuutta sydämensä ja mielensä puhdistuneen läpinäkyvyyden kautta, Jumala antaa voiman voittaa takaisin Jumalan pojan asemaan kuuluva autuus, kuten Jeesus oli voittanut.

Avoimuutta Totuudelle edistetään vapauttamalla tietoisuus – sydämen tunne ja mielen järki – mieltymyksen ja vastenmielisyyden dualistisista vaikutuksista. Todellisuus ei voi heijastua oikein sellaisessa tajunnassa, jota myllertävät mieltymykset ja vastenmielisyydet lakkaamattomine intohimoineen

---

[1] Katso luku 3, sutrat 23–32 Swami Sri Yukteswarin teoksesta *The Holy Science* (*Pyhä tiede*, julkaissut Self-Realization Fellowship).

ja haluineen ja hämmentävine emootioineen. Nämä synnyttävät vihaa, mustasukkaisuutta, ahneutta ja mielialojen vaihteluja. Mutta kun *chitta* – inhimillinen tietäminen ja tunne – on tyynnytetty meditaatiolla, tavallisesti levoton ego antaa tilaa sielun oivalluksen siunatulle tyyneydelle. Älyn puhtaus suo ihmiselle oikean järkeilyn voiman, mutta sydämen puhtaus antaa jumalyhteyden. Älyllisyys on järjen voiman ominaisuus, ja viisaus on sielun vapauttava ominaisuus. Kun järki on puhdistettu tyynen arvostelukyvyn avulla, se muuttuu viisaudeksi. Puhdas viisaus ja puhtaan sydämen jumalallinen ymmärrys ovat saman kyvyn kaksi eri puolta. Sydämen tai tunteen puhtaus, johon Jeesus viittasi, riippuu tosiaankin siitä, että harkitsevalla viisaudella ohjataan kaikkea toimintaa, että inhimilliset asenteet ja käyttäytyminen asetetaan kohdalleen rakkauden, armon, palvelun, itsehillinnän, itsekurin, tietoisuuden ja intuition pyhien sielun ominaisuuksien avulla. Viisauden puhdassilmäisen näkökyvyn täytyy yhdistyä sydämen tahrattomaan tunteeseen. Viisaus paljastaa oikean polun, ja puhdistunut sydän tahtoo rakastaen seurata tuota polkua. Kaikkia viisauden paljastamia sielun ominaisuuksia täytyy seurata kokosydämisesti (eikä pelkästään älyllisesti tai teoreettisesti).

Tavallisen ihmisen tukkeutunut näkökyky havaitsee asioiden karkeat kuoret mutta on sokea kaikkialliselle Hengelle. Puhtaan arvostelukyvyn ja puhtaan tunteen täydellinen yhdistyminen avaa kaiken paljastavan intuition läpitunkevan silmän. Silloin kilvoittelija oivaltaa oikein Jumalan läsnäolon sielussaan ja kaikissa olennoissa – hän tuntee jumalallisen Läsnäolijan, jonka luonto on tasapainoinen yhdistelmä ääretöntä viisautta ja ääretöntä rakkautta.

❖ ❖ ❖

"Autuaita ovat rauhantekijät, sillä heidät pitää Jumalan lapsiksi kutsuttaman" (Matt 5:9).

Ihmiset, jotka synnyttävät rauhaa päivittäisen meditoinnin antaumuksellisella harjoittamisella, ovat todellisia rauhantekijöitä. Meditaatiossa koettu rauha on Jumalalta saadun vastauksen ensimmäinen ilmenemismuoto. Ne, jotka tuntevat Jumalan rauhana sisäisessä hiljaisuuden temppelissä ja jotka palvovat siellä tuota rauhan Jumalaa, ovat tämän jumalyhteyden takia Hänen todellisia lapsiaan.

Koettuaan Jumalan luontoa sisäisenä rauhana kilvoittelijat haluavat rauhan Jumalan olevan aina heidän kodissaan, naapurustossa, kansassa ja kaikkien kansallisuuksien ja rotujen piirissä. Kuka vain tuo rauhaa tasapainottomaan perheeseen, on asettanut sinne Jumalan. Kuka vain poistaa sielujen välisen väärinymmärryksen, on yhdistänyt heidät Jumalan rauhassa. Kuka vain, luopuen kansallisesta ahneudesta ja itsekkyydestä, tekee työtä luodakseen rauhaa sotivien kansakuntien keskuuteen, on asettanut Jumalan noiden kansojen sydämeen. Rauhan alullepanijat ja suosijat osoittavat yhdistävää Kristuksen rakkautta, joka todistaa sielun Jumalan lapseksi.

"Jumalan poika" -tietoisuus saa ihmisen rakastamaan kaikkia olentoja. Jumalan todelliset lapset eivät voi kokea mitään eroa intialaisen, amerikkalaisen tai minkään muun kansallisuuden tai rodun välillä. Kuolemattomat sielut on hetkeksi verhottu valkoisiin, mustiin, ruskeisiin, punaisiin tai oliivinvärisiin kehoihin. Näyttävätkö ihmiset erilaisilta ja vierailta ollessaan pukeutuneina erivärisiin vaatteisiin? Olipa ihmisen kansallisuus tai kehon väri mikä tahansa, kaikki Jumalan lapset ovat sieluja. Isä ei tunnusta mitään ihmisen tekemiä nimityksiä. Hän rakastaa kaikkia, ja Hänen lastensa tulee oppia elämään tuossa samassa tietoisuudessa. Kun ihminen rajoittaa minuutensa vain johonkin ihmiskunnan osaan, se nostattaa päättymätöntä pahuutta ja sodan varjoja.

Ihmisolennoille on annettu potentiaalisesti rajaton voima osoittaa, että he todellakin ovat Jumalan lapsia. Sellaiset teknologiset keksinnöt kuin atomipommi näyttävät, että jos ihminen ei käytä voimiansa oikein, hän tulee tuhoamaan itsensä. Herra voisi polttaa tämän maapallon tuhkaksi sekunnissa, jos Hän kyllästyisi erehtyväisiin lapsiinsa, mutta Hän ei tee niin. Ja koska Hän ei milloinkaan käyttäisi väärin kaikkivoipaisuuttaan, myös meidän Hänen kuvakseen tehtyinä täytyy käyttäytyä kuin jumalat ja valloittaa sydämet rakkauden voimalla – muuten meidän tuntemamme ihmissuku tulee varmasti tuhoutumaan. Ihmisen sodankäyntivoima on lisääntymässä. Samoin täytyy käydä myös hänen kyvylleen tehdä rauha. Paras este sodanuhalle on veljeys, oivallus siitä, että Jumalan lapsina olemme yhtä perhettä.

Jokainen, joka lietsoo eripuraa veljeskansojen välille isänmaallisuuden verholla, pettää jumalallisen perheensä; hän on Jumalan uskoton lapsi. Jokainen, joka saa perheenjäsenet, naapurit tai ystävät taistelemaan levittämällä valheita tai huhuja tai joka millään tavoin aiheuttaa epäjärjestystä, on Jumalan sopusoinnun temppelin häpäisijä.

Kristus ja ylevät ihmiset ovat antaneet ohjeita rauhan luomiseksi sekä yksilön sisäiseen elämään että ihmisten ja kansakuntien keskuuteen. Miten pitkään ihminen onkaan elänyt väärinkäsityksen pimeydessä ja tietämättömänä noista ihanteista. Aito Kristuksen elämänjärjestys voi karkottaa konfliktit ja sodan kauhut ja tuoda maan päälle rauhaa ja ymmärtämystä. Kaikkien ennakkoluulojen ja vihamielisyyksien täytyy kadota. Tämä haaste on asetettu niille, jotka haluavat olla Jumalan rauhantekijöitä.

"Autuaita ovat ne, joita vanhurskauden tähden vainotaan, sillä heidän on taivasten valtakunta" (Matt. 5:10).

Jumalan autuus on oleva niiden sielujen osa, jotka toimittuaan oikein kestävät tyynesti sekä niin sanottujen ystävien että vihollisten taholta tulevaa epäoikeudenmukaista arvostelua ja sen aiheuttamaa kärsimystä ja joihin väärät tottumukset ja yhteisön haitalliset tavat eivät vaikuta. Vanhurskas ei taivu sosiaalisesta painostuksesta juomaan vain siksi että sattui olemaan seurassa, jossa tarjotaan cocktaileja, ei sittenkään, vaikka muut pilkkaisivat häntä seuranpettäjäksi ja ilonpilaajaksi. Moraalinen suoraselkäisyys tuo lyhytaikaista pilkantekoa mutta pitkällä tähtäyksellä iloa, sillä sinnikäs itsehillintä luo onnea ja täydellisyyttä. Ne, jotka elävät ja kuolevat oikein käyttäytyen, ovat ansainneet taivaallisen ilon ikuisen valtakunnan nautittavakseen tässä elämässä ja sen tuolla puolen.

Maailmalliset ihmiset suosivat aistillisia nautintoja jumalyhteyden asemesta. He ovat todella mielettömiä, koska he joutuvat kohtaamaan seuraukset hylätessään sen, mikä on oikein ja siksi myös hyväksi heille. Vanhurskas kilvoittelija tavoittelee sitä, mikä on hänelle hyödyksi kaikkein korkeimmassa mielessä. Se, joka luopuu maailman pinnallisista tavoista ja ilomielin kestää lyhytnäköisten ystävien ylenkatseen aatteellisuutensa vuoksi, osoittaa olevansa kelvollinen Jumalan loppumattomaan autuuteen.

Yllä oleva jae tarjoaa myös rohkaisua niille, joita aistiperäiset kiusaukset ja huonot tottumukset vainoavat ja kiusaavat, kun he ovat päättäneet pitää kiinni moraalisista ihanteista ja hengellisistä harjoituksista. He ovat tosiaankin vanhurskaita seuratessaan itsehillinnän ja meditaation oikeaa tietä, jolla aikanaan kukistetaan kiusaukset ja saavutetaan voittajille varattu ikuisen ilon valtakunta.

Olivatpa kiusaukset kuinka voimakkaita tahansa tai huonot tottumukset kuinka vahvoja vain, niitä voidaan vastustaa itsehillinnän viisauden voimalla ja pitäytymällä vakaumukseen, että olipa kiusaus luvannut mitä hyvänsä, se loppujen lopuksi tuottaa aina murhetta. Päättämättömistä tulee väistämättä tekopyhiä, kun he kiusauksen juonille antautuessaan keksivät oikeutuksia väärälle käyttäytymiselleen. Jumalan hunaja on sitä, mitä sielu todella janoaa, vaikka tuo suloisuus onkin mysteeriin sinetöity. Ne, jotka meditoivat lannistumattoman kärsivällisesti ja sitkeästi, murtavat mysteerin sinetin ja juovat esteettä kuolemattomuuden taivaallista nektaria.

Taivas on transsendenttisen kaikkiallisen ilon tila, jonne mitkään murheet eivät milloinkaan rohkene astua. Kilvoittelija on lopulta saavutettava järkkymättömän vanhurskauden turvin autuaan onnen, josta ei langeta pois. Horjuvat vaeltajat, jotka eivät ole sitoutuneet meditaatioon, voivat luisua pois tämän ylivertaisen onnellisuuden piiristä. Sen sijaan päättäväiset ansaitsevat tuon siunauksellisuuden pysyvästi. Taivaallisen autuuden Kuningas omistaa Kosmisen Tietoisuuden valtakunnan. Sen omistavat myös ylevät sielut, jotka ovat sulautuneet Häneen. Niinpä sellaisista kilvoittelijoista, jotka yhdistyvät Jumalaan tullen yhdeksi universumin Kuninkaan kanssa, onkin sanottu: "Teidän on taivasten valtakunta."

❖ ❖ ❖

"Autuaita olette te, kun ihmiset minun tähteni teitä solvaavat ja vainoavat ja valhetellen puhuvat teistä kaikkinaista pahaa.

Iloitkaa ja riemuitkaa, sillä teidän palkkanne on suuri taivaissa. Sillä samoin he vainosivat profeettoja, jotka olivat ennen teitä." (Matt. 5:11–12.)

Rinnakkainen kohta:

"Autuaita olette te, kun ihmiset vihaavat teitä ja erottavat teidät yhteydestään ja herjaavat teitä ja pyyhkivät pois teidän nimenne ikäänkuin jonkin pahan – Ihmisen Pojan tähden.

Iloitkaa sinä päivänä, riemuun ratketkaa; sillä katso, teidän palkkanne on suuri taivaassa; sillä näin tekivät heidän isänsä profeetoille." (Luuk. 6:22-23.)

Edellä olevat jakeet eivät vaadi ketään pestaamaan parjaajajoukkiota tullakseen kelvolliseksi taivaan valtakuntaan. Huolimatta ihmisen parhaista pyrkimyksistä hyvään sekä maailmassa että omassa elämässään, vainoojien okaat eivät ole koskaan kaukana, kuten Jeesus hyvin tiesi. Egon halpamielinen luonne tekee itsekuriin tottumattomasta epämiellyttävän ja pahanilkisen niitä kohtaan, jotka ovat moraalisesti ja hengellisesti erilaisia kuin hän. Saatanallisen harhan eripuran yllykkeet pitävät arvostelijaksi itsensä ylentäneet alati etsimässä syitä toisten parjaamiseen. Jeesus kehotti seuraajiaan olemaan kauhistumatta tai säikkymättä, jos he – yrittäessään elää hengellisesti – huomaavat, että materialistismieliset eivät heitä ymmärrä. Ne, jotka läpäisevät ylenkatseen koetuksen iloisin mielin ja antamatta periksi väärille tavoille, jotta "sopisivat joukkoon", löytävät onnellisuuden. Se seuraa pitäytymisestä hyveellisiin, autuutta tuottaviin tottumuksiin.

Ei tulisi pitää suurenakaan menetyksenä, kun syyttäjät ja raivopäät ja häpäisijät "erottavat teidät yhteydestään". Itse asiassa ihmiset, joita näin kartetaan, ovat siunattuja, koska sellaisen hyljeksinnän vuoksi heidän sielunsa pysyvät loitolla ymmärtämättömien, väärin käyttäytyvien henkilöiden huonolta vaikutukselta.

Hengelliselle tielle antautuneiden ei koskaan pitäisi joutua epätoivoon, vaikka ihmiset puhuisivat heistä pahaa tai panettelisivat heidän hyvää nimeään väittäen heidän tehneen väärin. Autuaita ovat ne, joiden nimi on mustattu, koska he eivät ole myöntyneet maailmallisiin tai pahoihin tapoihin, sillä heidän nimensä kaiverretaan Jumalan hiljaisesti ihailevaan sydämeen.

Myös *Bhagavadgita* (XII:18-19) ilmaisee Herran kunnioituksen tällaisia kilvoittelijoita kohtaan: "Se, joka on tyyni ystävän ja vihamiehen edessä, kohdatessaan ihailua ja loukkauksia, kokiessaan lämpöä ja kylmyyttä, mielihyvää ja kärsimystä; joka on vapaa sidoksista ja tarkastelee moitetta ja ylistystä samassa valossa; joka on vaitelias ja vähään tyytyväinen, joka ei ole kiinnittynyt kotielämään ja omaa tyynen mielenlaadun ja on antaumuksellinen – sellainen ihminen on Minulle rakas."

Ihmisen on arvostelusta huolimatta noudatettava sitä, minkä tietää oikeaksi. Jokaisen tulisi rehellisesti ja ilman itsekästä taipumusta eritellä itseään. Jos hän on oikeassa, hänen tulisi pitäytyä iloa tuottaviin vanhurskaisiin toimiinsa riippumatta ylistyksestä tai moitteesta. Mutta jos hän on väärässä, hänen tulisi olla iloinen saadessaan tilaisuuden oikaista itseään ja siten poistaa jälleen yhden esteen kestävän onnellisuuden tieltä. Epäoikeudenmukainenkin arvostelu tekee oppilaasta entistä puhtaamman ja innoittaa häntä yhä enemmän seuraamaan sisäisen rauhan tietä sen sijaan että antautuisi huonon seuran vaatimiin kiusauksiin.

Jumalan seurassa säilytään siunauksen piirissä. Jumalaa varten on järjestettävä aikaa, jotta Hänet voidaan kohdata rauhallisessa meditaatiossa. Miksi tuhlata kaikki vapaahetkensä käymällä usein elokuvissa tai katsomalla televisiota tai hankkimalla muuta joutavaa ajankulua? Kehittämällä ja noudattamalla jumalallisia tottumuksia kilvoittelija löytää todellista voimaa riemuitakseen sisäisesti tyytyväisenä ja tietäen, että hän lopulta perii ikuisen täyttymyksen valtakunnan.

Jos kilvoittelija on joutunut arvostelun kohteeksi hengellisten elämäntapojensa takia, hänen ei tulisi itseään imarrellen kuvitella, että Jumalan tähden vainotuksi joutuminen merkitsisi suurenkin palveluksen tekemistä Jumalalle. "Tulla vainotuksi minun tähteni" tai "Ihmisen Pojan tähden" tarkoittaa moitteiden saamista, koska on seurannut Kristuksen kaltaiselta gurulta oppimaansa elämäntapaa, jonka tarkoitus on virittää kilvoittelija yhteen Jumalan kanssa.

Jeesus puhui oppilailleen ja seuraajilleen heidän Jumalan lähettämänä gurunaan eli pelastajanaan: "Autuaita olette te, kun teitä arvostellaan Ihmisen Pojan (Kristuksen kaltaisen guruopettajan, Jumalan edustajan) seuraamisesta ja halveksitaan, koska pidätte parempana vaeltaa hänen Jumalaan virittäytyneen viisautensa valossa, sen sijaan että kompastelisitte joukon mukana maallisilla pimeyden ja tietämättömyyden poluilla."

Tulla vihatuksi, hyljeksityksi, syytetyksi tai pois suljetuksi ei itsessään ole siunauksen aihe, mikäli ihminen on moraalisesti tai hengellisesti rappeutunut. Mutta jos kilvoittelija vainosta huolimatta pysyy totuudessa sellaisena kuin se ilmenee Kristuksen kaltaisen gurun elämässä ja opetuksissa, hän on oleva vapaa ja ikuisessa siunauksessa. "Riemuitkaa sinä päivänä ja kokekaa alati uuden ilon kohottava pyhä värähtely, sillä katsokaa: ne, jotka uurastavat ja ahertavat ja sietävät tuskaa seuratakseen Jumalan tietä, palkitaan taivaassa ikuisella autuudella.

"Teitä vainoavat jatkavat niiden toimintaa, jotka vainosivat monien sukupolvien aikana jo profeettojakin. Ajatelkaa, miten suureen pahuuteen nuo esi-isät ajautuivat. Miettikää, minkä palkinnon profeetat saivat taivaassa Jumalalta kärsittyään Hänen tähtensä tietämättömien vainoa. Vaikka ihminen menettäisi ruumiinsa, kuten marttyyrit ennen teitä, hengellisistä periaatteista kiinni pitäminen suo taivaallisen perinnön, Jumalan Ikuisen Riemun valtakunnan."

"Teidän palkkanne on suuri taivaassa" merkitsee ikuista autuutta, jota ihminen tuntee, kun hänen meditaatiossa kokemansa Jumala-yhteys vakiintuu. Suorittaessaan hyviä, ylevöittäviä tekoja maan päällä kilvoittelija korjaa karman lain mukaisesti noiden tekojen hedelmät joko sisäisessä taivaassa vielä maan päällä eläessään tai kuoleman jälkeen ylimaallisissa taivaallisissa piireissä.

Se, kuinka paljon ihmiselle on kertynyt hyvää karmaa ja hengellistä lujuutta, määrää hänen taivaallisen palkintonsa elämässä tai tuonpuoleisessa. Edistyneet sielut kykenevät meditaatiossa kokemaan Itse-oivalluksen alati uutta iloa ja pysyvät jatkuvasti siinä taivaallisessa autuudessa, jossa Jumala asuu. He kantavat mukanaan taivasta, minne menevätkin. Hengellisen silmän astraaliaurinko alkaa paljastaa heidän tietoisuudelleen astraalitaivasta, jossa majailevat asteittaisissa sfääreissä hyveelliset sielut ja pyhät, vapautetut olennot sekä enkelit. Vähitellen hengellisen silmän valo avaa porttinsa ja vetää tietoisuutta yhä korkeampiin Taivaan piireihin. Pyhän Hengen kosmisen värähtelyn kaikkiallisessa kultaisessa aurassa ovat niiden hienompien voimien salaisuudet, jotka elähdyttävät värähtelevän elämän kaikkia alueita. (Sieltä löytyy "helmiportti" eli sisäänkäynti astraaliseen taivaaseen sen helmimäisen, sateenkaaren värisen taivaankannen eli rajamuurin kautta.) Seuraava piiri on Jumalan heijastaman tietoisuuden Kristus-Taivas, joka hohtaa Hänen intelligenssiään luomakunnan värähtelevässä maailmassa. Lopulta on Kosmisen Tietoisuuden korkein taivas, iäti kestävä, muuttumaton, autuas ja transsendenttinen Jumalan Valtakunta.

Vain ne sielut, jotka voivat pitää tietoisuutensa kiinnittyneenä hengelliseen silmään maallisen olemassaolon aikana ja jopa koetusten ja vainojen alla, astuvat tässä elämässä tai tuonpuoleisessa Taivaan korkeimpien alueiden autuaisiin tiloihin, missä asustavat erityisen edistyneet sielut Jumalan kaikkivapauttavan läsnäolon ihastuttavassa läheisyydessä.

Vaikka Jeesus kertoo siitä erittäin suuresta palkkiosta, joka tulee edistyneiden sielujen osaksi, jo pienempikin määrä autuasta jumalyhteyttä tuottaa sitä vastaavan taivaallisen palkinnon. Yhteyden taivaalliseen autuuteen menettävät kuitenkin ne, jotka edistyvät jonkin verran ja sitten tinkivät hengellisistä ihanteistaan tai luopuvat meditoinnista sisäisen vainon takia – eli kokevat vaadittavat ponnistukset liiallisiksi – tai antavat ulkopuolisten maallisten vaikutteiden tai sukulaisten, naapurien ja niin sanottujen ystävien arvostelun lannistaa itsensä. Mutta ne, jotka ovat jumalallisen lujia, nauttivat edelleen meditaation autuutta ja lisäksi heidän lujuutensa vie heitä yhä suurempaan täyttymykseen. Tämä on psykologinen taivaallinen palkinto, joka johtuu tottumuksen laista: kun ihminen kokee meditaatiota harjoittaessaan sisäistä autuutta, hänet palkitaan yhä lisääntyvällä ilolla, ja ilo säilyy hänessä jopa hänen lähtiessään tältä maanpäälliseltä tasolta.

Tässä elämässä koettu taivaallinen meditaation autuus on esimakua siitä alati uudesta ilosta, jota kuolematon sielu kokee fyysisen kuoleman jälkeisessä tilassa. Sielu vie tuon ilon mukanaan ylimaallisen kauneuden ylhäisille astraalitasoille, missä elontroniset kukat avaavat sateenkaarirälehtensä yliaistisuuden puutarhassa ja missä ilmasto, ilmakehä, ruoka ja asukkaat on tehty monivärisen valon erilaisista värähtelyistä. Se on hienojen ilmenemismuotojen valtakunta, joka on paremmin sopusoinnussa sielun olemuksen kanssa kuin maanpäälliset karkeat olotilat.

Ne vanhurskaat, jotka vastustavat kiusausta maan päällä mutta eivät vapaudu kokonaan harhasta, palkitaan kuoleman jälkeen elähdyttävällä levolla astraalitaivaassa monien puolienkelien ja puolittain vapahdettujen sielujen parissa; astraalitaivaassa vietetään äärimmäisen ylivertaista elämää maanpäälliseen verrattuna. He nauttivat siellä hyvän astraalisen karmansa tuloksista karmansa määräämän ajan. Tuon ajan jälkeen heidän jäljelle jäänyt maallinen karmansa vetää heidät syntymään jälleen fyysiseen ruumiiseen. Astraalitaivaassa heidän "palkkansa on suuri": he saavat haluamansa olosuhteet ilmenemään aina tahtonsa mukaan. Siellä he ovat tekemisissä vain värähtelyn ja energian kanssa eivätkä kiinteiden aineiden, nesteiden ja kaasumaisten aineiden jähmeiden ominaisuuksien kanssa, joita kohtasivat maan päällä. Astraalisessa taivaassa kaikki sisusteet, tilat, ilmasto-olot ja liikkumistavat on alistettu astraaliolentojen tahdonvoiman alle. He voivat aineellistaa, manipuloida ja muuttaa aineettomaksi tuon hienomman maailman elontronista ainetta mieltymyksensä mukaan.

Täysin vapahdetuilla sieluilla ei ole maallisia haluja sydämessään, kun he lähtevät maanpäällisiltä rannoilta. Näistä sieluista tulee katoamattomia pylväitä Kosmisen Tietoisuuden kartanoon, eivätkä he enää inkarnoidu maalliselle tasolle, jolleivät tee niin tieten tahtoen tarkoituksenaan tuoda maahan sidottuja sieluja takaisin Jumalan luo.[2]

Sellaisia ovat Jumalan profeetat: he ovat sieluja, jotka ovat ankkuroituneet totuuteen ja palaavat maan päälle Jumalan käskystä johdattamaan toisia hengellisille poluille esimerkillisellä käytöksellään ja pelastuksen sanomalla. Profeetat eli pelastajat ovat hengellisesti täysin yhtä Jumalan kanssa, mikä valtuuttaa heidät julistamaan Jumalaa mystisellä hengellisellä tavalla. He ovat yleensä harvinaisia uudistajia, jotka näyttävät ihmiskunnalle suurenmoista hengellistä esimerkkiä. He ilmentävät rakkauden voimaa ja valtaa vihan yli, viisauden valtaa tietämättömyyden yli, vaikkapa se merkitsisi marttyyriutta. He kieltäytyvät luopumasta totuuksistaan huolimatta fyysisestä tai henkisestä vainosta, halveksunnasta tai vääristä syytöksistä. Yhtä järkkymättömästi he kieltäytyvät vihaamasta vainoajiaan eivätkä suostu käyttämään kostoa vihollistensa kukistamiseksi. He ilmentävät Jumalan kaiken anteeksiantavaa rakkautta ja sen pitkämielisyyttä, ollen itsekin Äärettömän Armon helmassa.

Suuret pyhimykset tulevat maan päälle osoittamaan ihmiskunnalle, kuinka ikuinen siunauksellisuus eli autuustietoisuus löydetään. Heillä kaikilla on ne jumalalliset ominaisuudet, jotka Jeesus mainitsi ja joita hän ylisti autuuteen vievänä tienä. Sri Krishna luettelee *Bhagavadgitassa* kattavasti nämä vaadittavat, jumalalliselle ihmiselle tunnusomaiset sielun ominaisuudet:

[2] "Joka voittaa, sen minä teen pylvääksi Jumalani temppeliin, eikä hän koskaan enää lähde sieltä ulos" (Ilm 3:12).

(Viisaalle on leimallista) nöyryys, tekopyhyyden puuttuminen, viattomuus, anteeksiantavaisuus, oikeamielisyys, gurun palveleminen, mielen ja ruumiin puhtaus, päättäväisyys, itsehallinta; neutraali asenne aistikohteiden suhteen, itsekkyyden puuttuminen, kärsimyksen ja vaikeuksien – syntymän, pahuuden, vanhuuden ja kuoleman – ymmärtäminen (nämä kuuluvat maalliseen elämään); takertumattomuus, sekä se, että ei samasta Itseä sellaiseen kuin omiin lapsiin, vaimoon ja kotiin; jatkuva mielentyyneys miellyttävissä ja epämiellyttävissä olosuhteissa;

järkkymätön omistautuminen Minulle yhteyden joogan avulla, yksinäisissä paikoissa oleskelu, maailmallisten ihmisten seuran karttaminen;

sinnikkyys Itsen tuntemisessa ja meditatiivinen oivaltaminen kaikessa oppimisessa – eli opittavan todellisen olemuksen tai merkityksen oivaltaminen. Kaikki nämä ominaisuudet muodostavat viisauden; päinvastaiset ominaisuudet muodostavat tietämättömyyden. (Bhagavadgita XIII:7–11.)

Viljelemällä näitä yllä olevia hyveitä ihminen voi jopa tässä aineellisessa maailmassa elää sielun autuaassa tietoisuudessa, todellisena Jumalan lapsena. Hän saa oman elämänsä ja monien niiden elämän, joihin on yhteydessä, säteilemään ääretöntä valoa, iloa ja ikuisen Isän rakkautta.

Luku 8

Jumalallinen rakkaus: uskonnon ja elämän korkein päämäärä

Ja katso, eräs lainoppinut nousi ja kysyi kiusaten häntä: "Opettaja, mitä minun pitää tekemän, että minä iankaikkisen elämän perisin?"

Niin hän sanoi hänelle: "Mitä laissa on kirjoitettuna? Kuinkas luet?"

Hän vastasi ja sanoi: "Rakasta Herraa, sinun Jumalaasi, kaikesta sydämestäsi ja kaikesta sielustasi ja kaikesta voimastasi ja kaikesta mielestäsi, ja lähimmäistäsi niinkuin itseäsi".

Hän sanoi hänelle: "Oikein vastasit; tee se, niin sinä saat elää." (Luuk. 10:25-28.)

Rinnakkainen kohta Markuksen evankeliumista:

Silloin tuli hänen luoksensa eräs kirjanoppinut, joka oli kuullut heidän keskustelunsa ja huomannut hänen hyvin vastanneen heille, ja kysyi häneltä: "Mikä on ensimmäinen kaikista käskyistä?"

Jeesus vastasi: "Ensimmäinen on tämä: 'Kuule, Israel: Herra, meidän Jumalamme, Herra on yksi ainoa; ja rakasta Herraa, sinun Jumalaasi, kaikesta sydämestäsi ja kaikesta sielustasi ja kaikesta mielestäsi ja kaikesta voimastasi'. Toinen on tämä: 'Rakasta lähimmäistäsi niinkuin itseäsi'. Ei ole mitään käskyä, suurempaa kuin nämä." (Mark. 12:28-31.)

Uskonnon koko tarkoitus – todellakin itse elämän tarkoitus – on tiivistetty kahteen korkeimpaan käskyyn, joita Herra Jeesus lainaa näissä jakeissa. Niihin sisältyy ikuisen totuuden olemus, joka on tunnusomaista kaikille vilpittömille hengellisille poluille, se ehdoton imperatiivi, joka ihmisen täytyy omaksua yksilöllisenä, Jumalasta erillisenä sieluna, jotta saavuttaisi jälleen oivalluksen ykseydestä Tekijänsä kanssa.

"Tee se, niin sinä saat elää", Jeesus sanoi lainoppineelle, joka kysyi häneltä, kuinka perisi iankaikkisen elämän. Jeesus tarkoitti: "Jos pystyt rakastamaan Jumalaa täydesti päivittäisen meditaation todessa yhteydessä ja lähimmäistäsi (jumalallista veljeäsi) kuten itseäsi, kohoat tämän elämän ja kuoleman harhaisen tason yläpuolelle ja oivallat ikuisesti muuttumattoman Hengen sisimmässäsi ja kaikkialla olevaisuudessa.

"Näissä kahdessa käskyssä riippuu kaikki laki ja profeetat", Jeesus julisti Matteuksen mukaan lainoppineelle. Ja kun kirjanoppinut Markuksen mukaan kysyi, mikä on ensimmäinen kaikista käskyistä, Jeesus vastasi: "Kosminen ylin hallitsija ja Puolustajamme, yksi Jumalamme, on yksin koko luomakunnan Herra ja Mestari. Hän loi sinut yhtenä lapsistaan, omaksi kuvakseen, ja sinä kannat tätä jumalaista suhdetta, jonka Hän loi. Sinun asiasi on rakastaa Luojaasi sillä rakkaudella, jonka Hän sinuun istutti – kaikella sydämesi jumalallisella rakkaudella, kaikella sielusi intuitiivisella ymmärryksellä, kaikella mielesi tarkkaavaisuudella ja kaikella henkisen päättäväisyytesi ja fyysisen energiasi voimalla."

Jeesus selitti, että tämä on ensimmäinen kaikista kosmisista laeista, jotka Henki on säätänyt sielulle kohotukseksi ja vapautukseksi. Jumala näet saapuu ihmisen rakkauden portin kautta yhteyteen hänen kanssaan, liittoon, joka vapauttaa hänet harhan kahleista. Jumalan rakastaminen yli kaiken on samaa kuin vastaanottaa Häneltä ikuinen tyydytys ja täyttymys vapautuen kaikista inhimillisistä haluista, jotka johtavat vastuuttomasti jatkuviin syntymiin ja kuolemiin ennustamattomine kurjuuksineen.

Jeesus kiitti kirjanoppineen osoittamaa ymmärrystä ja vakuutti hänelle, että hän oli lähellä hengellisen tietoisuuden korkeaa astetta. Tämä mies näet oivalsi, että Jumalan rakastaminen Hänen herruudessaan ja Hänen ihmiselle myötäsyntyisessä läheisyydessään on "enemmän kuin kaikki polttouhrit ja muut uhrit". Luojan palvominen ulkoisten uskonnollisten muodollisuuksien välityksellä säilyttää eron palvojan ja Palvotun välillä. Hänen rakastamisensa tarkoittaa tulemista Hänen ystäväkseen, Hänen pojakseen ja yhdeksi Hänen kanssaan.

Se, että Jumala käskee ihmistä rakastamaan Häntä yli kaiken muun, saattaisi näyttää sopimattomalta kaikkivaltiaalle Jumaluudelle. Kaikki avataarat ja pyhimykset ovat kuitenkin tienneet sydämessään, että tämä ei ole jonkin Jumalan myrskyisän oikun tyydyttämistä, vaan päinvastoin välttämättömyys, jonka turvin yksilöllistynyt sielu voi luoda tietoisen yhteyden Alkulähteeseensä. Jumala voi elää ilman ihmisen rakkautta, mutta kuten aalto ei voi elää ilman valtamerta, samoin ihmisen ei ole mahdollista olla olemassa ilman Jumalan rakkautta. Jokaisessa ihmissydämessä on rakkauden jano, koska hänet on tehty Jumalan rakkauden kuvaksi. Niinpä avataarat ja pyhät kutsuvat ihmiskuntaa rakastamaan Jumalaa, ei pakosta tai käskystä, vaan koska Hänen rakkautensa meri aaltoilee pienen rakkauden laineen taustalla jokaisessa sydämessä.

Muuan Intian suurista pyhimyksistä lausui: "Se on viisain, joka etsii ensin Jumalaa kokosydämisesti." Hänet löytäessään hän näet vastaanottaa yhdessä Hänen kanssaan kaiken, mikä on Jumalasta. Jumalan rakastaminen on yhteyttä luomakunnan anteliaaseen Alkujuureen. Moni maailmallinen ihminen hulluuksissaan valjastaa sydämensä, mielensä, sielunsa ja fyysisen voimansa rahan tai inhimillisen rakkauden tai maallisen vallan tavoitteluun, vain menettääkseen ne kuoleman hetkellä – mikäli on niitä edes löytänyt. Viisain tapa käyttää elämäänsä on sen sijoittaminen Jumalan tutkimiseen; Hän on ainoa aarre, joka tyydyttää iäti ja joka ei voi milloinkaan kadota tai vähentyä.

Vaikka ihmisen täytyy rakastaa Jumalaa tunteakseen Hänet, on yhtä lailla totta, että ihmisen tulee tuntea Jumala voidakseen rakastaa Häntä. Kukaan ei pysty rakastamaan jotain, josta on täysin tietämätön. Kukaan ei pysty rakastamaan henkilöä, joka on hänelle täysin tuntematon. Mutta ne, jotka meditoivat syvällisesti, tuntevat Hänet. He näet löytävät todisteita Jumalan olemassaolosta meditaatiossa alati uutena Ilona tai syvässä hiljaisuudessa kuultavassa kosmisessa *Aum* (Amen) -äänessä. Tai he saavat todisteen kosmisessa Rakkaudessa, jota koetaan sydämen keskittyneessä antaumuksessa, tai kosmisessa Viisaudessa, joka valkenee sisäisenä valaistumisena, tai kosmisessa Valossa, joka herättää näkymiä Äärettömästä, tai kosmisessa Elämässä, jota koetaan meditaation aikana, kun pieni elämä yhdistyy suurempaan kaikkialliseen Elämään.

Jokainen kilvoittelija, joka on vaikkapa vain kerran kokenut Jumalan minä tahansa Hänen selvästi tuntuvana ilmenemismuotonaan meditaatiossa, ei voi muuta kuin rakastaa Häntä; Hänen sykähdyttävät ominaisuutensa koskettavat palvojaa niin suuresti. Useimmat ihmiset eivät todellisesti rakasta Jumalaa, koska heillä ei ole kokemusta siitä, kuinka rakastava Herra on vieraillessaan meditoivan kilvoittelijan sydämessä. Tällainen tosiasiallinen kosketus Jumalan transsendentaaliseen läsnäoloon on mahdollinen päättäväisille palvojille, jotka harjoittavat meditaatiota sinnikkäästi ja rukoilevat jatkuvasti koko sielullaan.

Ihmisen kaikki kyvyt ovat lähtöisin yhdestä Alkutoimijasta. Jumala on sen rakkautemme Luoja, jolla rakastamme; Hän on sen sielumme Luoja, joka on kuolematon; Hän on sen mielemme ja niiden henkisten prosessien Luoja, joilla ajattelemme ja järkeilemme ja suoritamme tehtäviä; Hän on sen elämänvoimamme Luoja, jolla osallistumme elämän toimintoihin. Meidän tulisi käyttää kaikkia näitä lahjoja ylivertaisen lujin ponnisteluin meditaatiossa. Näin osoitamme rakkautemme Jumalalle, ja lopulta tunnemme selkeästi Hänen vastauksensa, Hänen ilmestymisensä.

Keskivertouskonnonharjoittajalle riittää hengellisten velvoitteidensa täyttämiseksi hajamieliset rukoukset tai mekaaniset rituaalit tai samoilu teologian ja dogmien tiheiköissä. Hän voi yrittää kokea rakkautta ja antaumusta Jumalaa kohtaan sydämessään ja kohdistaa mielensä Jumalaan parhaansa mukaan rukoushetkien aikana. Hän saattaa yrittää Jumalan rakastamista "kaikesta voimastaan" laulamalla ponnekkaasti, tanssimalla tai jopa pyörimällä lattialla, kuten tekevät jotkin "pyhien pyörijöiden" lahkot. Mitä tulee Jumalan rakastamiseen kaikesta sielustaan, hän on neuvoton, koska ei edes tiedä, mitä sielu on. Hän tietää jotakin sielustaan ainoastaan syvässä, unia näkemättömässä unitilassa (ja silloinkin vain tiedostamattomalla tavalla). Hänen "voimansa" eli elämänenergiansa on kytkeytynyt tuossa tilassa pois viidestä aistista ja vetäytynyt sisäänpäin; itsensä tiedostaminen fyysisenä olemuksena on väistynyt. Öisin ihmisolennot saavat väläyksen todellisesta Itsestä, sielustaan. Herättyään enemmistö jälleen aamulla omaksuu erheellisen minuutensa kuolevaisena miehenä tai naisena.

Ulkokohtaiset yritykset Jeesuksen opetusten seuraamiseksi tuottavat tavallisesti vähän ulkonaista tyydytystä mutta eivät jumaloivallusta. Kehotuksella rakastaa Jumalaa kaikesta sydämestään, mielestään, sielustaan ja voimastaan on kuitenkin sisäinen merkitys. Jeesus käytti näitä yksinkertaisia pyhän kirjoituksen sanoja, mutta niissä on koko joogan tiede, meditaation kautta kulkeva transsendentaalinen tie Jumalan yhteyteen. Intiassa hengellinen ymmärrys oli kehittynyt tuhansia vuosia ennen Jeesuksen aikaa. Jumalan tuntevat viisaat kehittivät siellä nämä käsitteet kattavaksi hengelliseksi filosofiaksi, jonka avulla kilvoittelijoita johdatettiin järjestelmällisesti vapautuksen tiellä. Kun ihminen pyrkii tosissaan meditaatiossa tuntemaan Jumalan, hän onnistuu varmasti. Silloin hän käyttää sydämensä ja syvimpien tunteidensa vilpittömyyttä, sielunsa intuitiota, kaikkia mielensä keskittyneisyyden voimia sekä koko sisäistynyttä elämänenergiaansa eli voimaansa.

Tämä hengellisen kulttuurin järjestelmä, jonka myötä ihminen oppii "rakastamaan Jumalaa kaikesta sydämestään", tunnetaan Intiassa *bhakti*-joogana – jumalyhteytenä, johon päästään ehdottomalla rakkaudella ja antaumuksella. *Bhakta* oivaltaa, että jokainen keskittyy siihen, mitä sydämessään kantaa – eli asioihin, joita rakastaa. Kuten rakastavan sydän kääntyy rakastetun puoleen ja juomarin sydän juomaansa, hengellisen kilvoittelijan sydän uppoutuu jatkuvasti rakkauteen jumalallista Rakastettua kohtaan.

Jumalan rakastaminen "kaikesta mielestään" tarkoittaa täydellistä keskittymistä Jumalaan. Intia on erikoistunut keskittymisen tieteeseen, jonka avulla mieli saadaan "yksikärkiseksi" täsmällisten menetelmien avulla, niin että kilvoittelija pystyy Jumalaa palvoessaan pitämään koko huomionsa Hänessä. Jos mieli rukouksen aikana jatkuvasti poikkeaa työtä tai ruokaa tai kehon aistimuksia tai muuta toissijaista koskeviin ajatuksiin, kysymyksessä ei ole Jumalan rakastaminen kaikesta mielestään. Raamattu opettaa: "Rukoilkaa lakkaamatta." Intian joogatiede tarjoaa varsinaisen menetelmän Jumalan palvomiseen mieli täysin keskittyneenä.

Rakastaa Jumalaa "kaikesta sielustaan" merkitsee siirtymistä ylitietoiseen ekstaasiin, välittömään kokemukseen sielusta ja sen yykseydestä Jumalan kanssa. Kun mielessä ei risteile ajatuksia, vaan siellä vallitsee kirkas kaikkitietävyys ja kun ihminen tietää intuitiivisesti, että hän voi tehdä mitä tahansa vain määräämällä niin, silloin hän on ylitietoisuuden laajentuneessa tilassa. Se on oivallusta sielusta Jumalan heijastumana, se on sielun yhteyttä Jumalan tietoisuuteen. Se on ylenmääräisen ilon tila: sielun kristallinkirkas oivallus kaikkiallisesta Hengestä, joka heijastuu meditaation ilona.

Jumalan rakastaminen kaikesta sielusta edellyttää transsendenttisen sisäistymisen täydellistä tyyneyttä. Tätä ei voida saavuttaa ääneen rukoilemalla, heiluttamalla käsiä sinne tänne, laulamalla tai hyräilemällä tai tekemällä mitään muutakaan, mikä aktivoi kehon aistit ja lihaksiston. Samoin kuin keho ja aistit hidastuvat syvässä unessa, tuo sisäinen vetäytyminen on luonteenomaista myös ylitietoisuuden ekstaasille – hurmio on vain paljon syvempi kuin unessa. Kymmenen miljoonan unen antama tyydytys ei riitä kuvaamaan tuota iloa. Tässä tilassa ihminen pystyy tuntemaan sielunsa, Itsen, ja tuolla aidolla Itsellä palvomaan Häntä, joka on itse Rakkaus.

Käsky rakastaa Jumalaa kaikesta sydämestään, mielestään ja sielustaan on mahdollista täyttää sen tieteen avulla, joka opettaa kilvoittelijaa "rakastamaan Jumalaa kaikesta voimastaan". Tätä tiedettä opettaa jooga. Ihmisen nukkuessa tietoinen mieli ei toimi. Hänen voimansa on vetäytynyt pois aivojen aisteihin ja liikkumiseen liittyvistä osista ja lihaksista ja hermoista, ja on keskittynyt alitajuisen mielen sielunkykyjen käyttöön. Ihminen ei pääse alitajuiseen unitilaan, jollei elämänvoima ole vetäytynyt tietoisesta aisti- ja liikehermojärjestelmästä, mikä tapahtuu yleensä passiivisesti. Ihminen ei liioin pysty pääsemään ylitietoiseen tilaan ja ylittämään alitajuntaa ilman että tietoisesti irrottaa elämänenergian aisteista ja lihaksista.

Sen elämänenergian hallinta, joka saa ihmisen rakastamaan Jumalaa kaikesta voimastaan, alkaa asennon ja hengityksen harjoituksista elämänvoiman hallitsemiseksi. (*Asana* merkitsee kehon harjoittamista, jotta se pysyy vaivattomasti ja levollisesti liikkumatta oikeassa asennossa meditaation aikana. *Pranayama* tarkoittaa menetelmää, jolla hiljennetään hengitys ja sydän.) Tällaisella harjoituksella sydän muuttuu rauhalliseksi kytkien tehokkaasti energian pois aisteista ja tyynnyttäen levottoman hengityksen, joka pitää ihmisen sidoksissa ruumiin tietoisuuteen. Joogi kykenee keskittymään Jumalaan ilman lihan tungettelevaa vetoa. Aistihavainnoista irrotettu mieli sisäistyy voimakkaasti (*pratyahara*). Tällöin kilvoittelija pystyy käyttämään vapautunutta mieltään rakastavaan Jumala-yhteyteen. Kun hän kykenee rakastamaan Jumalaa sisäisesti keskittynein mielin, hän rupeaa tuntemaan sydämessään tuota jumalrakkautta, joka kyllästää ihanasti hänen tunteidensa jokaisen sopukan Jumalan läsnäololla. Jumalan täyttämä sydän kokee sitten rakastetun Herran sielun syvimmissäkin onkaloissa, joissa pieni rakkaus kohtaa Suuren Rakkauden ja kietoutuu siihen. Jumaltunne laajenee sielussa jumaloivallukseksi Hänen kaikkiallisuudestaan (joogan *samyama*: *dharana, dhyana, samadhi*).

Jeesus meni hyvin syvälle opetuksissaan, jotka näyttävät pintapuolisesti katsoen yksinkertaisilta – paljon syvemmälle kuin useimmat ihmiset ymmärtävätkään. Ilmestyskirjasta käy ilmi, että hän opetti koko joogajärjestelmää, jumalyhteyden tieteellistä menetelmää. Se ilmenee seitsemän tähden, seitsemän seurakunnan seitsemine enkeleineen sekä seitsemän kultaisen lampunjalan salaisuudessa. Jumaloivallus löydetään avaamalla näiden hengellisen oivalluskyvyn keskusten "seitsemän sinettiä". Ne avaamalla saavutetaan kaikkien elämän astraalivoimien ja kuoleman hallinta, ja lopuksi sielu nousee vapauteen.

Jeesus painottaa, että pelastus alkaa niistä tavoista ja harjoituksista, jotka saavat kilvoittelijan aidosti rakastamaan Jumalaa antamalla Hänelle sydämensä, mielensä, sielunsa ja voimansa. Herra puhuu Intian suurimmassa joogakirjoituksessa, *Bhagavadgitassa*, sanoin, jotka ovat rinnasteisia Jeesuksen mainitsemien käskyjen kanssa: "Kuulkaa jälleen korkein sanani, salaisista salaisin. Koska olette Minulle rakkaat, tahdon kertoa, mikä on teille tarpeen. Kiinnittäkää mielenne Minuun. Tulkaa Minulle pyhitetyiksi. Heittäkää kaikki asianne Minun haltuuni. Kumartukaa Minun eteeni. Te olette minulle rakkaat. Niinpä totisesti lupaan teille: te tulette pääsemään yhteyteeni!"

❖ ❖ ❖

Ensimmäinen käsky johdattaa kilvoittelijan toisen suuren hengellisen lain äärelle. Ponnistellessaan kohti Jumalan sisäistä kokemista ihmisellä on myös velvoitus jakaa jumalkokemuksensa lähimmäistensä kanssa: "Sinun tulee rakastaa lähimmäistäsi (kaikkia rotuja ja luontokappaleita, missä hyvänsä heidät yhytätkin) kuin itseäsi (kuten rakastat omaa sieluasi), koska näet Jumalan jokaisessa." Ihmisen lähimmäinen on hänen suuremman Itsensä eli Jumalan ilmenemismuoto. Sielu on Hengen heijastuma, joka on jokaisessa olennossa ja kaikessa elollisen ja elottoman kosmisen lavasteen värähtelevässä elämässä. Vanhempien, sukulaisten, työtoverien, maanmiesten, kaikkien maapallon rotujen, kaikkien luontokappaleiden ja kukkien ja tähtien rakastaminen eli kaiken sen rakastaminen, joka on ihmisen tietoisuuden "lähellä", merkitsee Jumalan rakastamista Hänen lukuisissa konkreettisissa ilmenemismuodoissaan. Ne ihmiset, jotka eivät vielä kykene rakastamaan Jumalaa Hänen herkissä ilmenemismuodoissaan meditaatiossa, voivat kasvattaa rakkauttaan Häneen rakastamalla Häntä sellaisena kuin Hän ilmenee luonnossa ja kaikissa niissä olennoissa, joiden kanssa he tulevat jollain tavalla kosketuksiin.

Juuri Jumalasta tulee lapsesta huolehtiva isä, lasta ehdoitta rakastava äiti sekä ystävät, jotka auttavat inkarnoitunutta sielua vailla perhevaistojen rajoituksia. Juuri Jumala on tullut kauniiksi maaksi, jonka yli kaartuu tähtien kirjoma taivas, täyttääkseen lapsensa ihmetyksellä. Juuri Hän on tullut moninaisten kuolevaisten hahmojen ruoaksi ja hengeksi ja elämäntoimintojen ylläpitäjäksi. Kun Jumalan läsnäolo tunkeutuu ihmisen ymmärrykseen, se herättää hänet palvomaan (meditaatiolla) hänessä itsessään asustavaa Jumalaa sekä kaikissa universumin olennoissa ja asioissa asustavaa Jumalaa (rakastamalla kosmisen kotinsa lähellä olevaa lähimmäistä). Tämä palvominen on sekä ihmisen velvollisuus että etuoikeus.

Jopa pyhimys, joka rakastaa Jumalaa meditaation syvässä hurmiossa, löytää täyden pelastuksen vasta kun on jakanut jumalallista saavutustaan rakastamalla Jumalaa Hänen ilmetessään kaikissa sieluissa, jotka ovat pyhimyksen sielun kaikkiallisessa läheisyydessä.

Kun ihminen on saanut rohkaisua kokiessaan Jumalan rakkautta meditaatiossa, hän voi parhaiten aloittaa sielun lähimmäisrakkauden harjoittamisen ojentamalla apua henkilöille, jotka ovat perheen ulkopuolisia mutta kuitenkin läheisempiä kuin maailma yleensä ottaen. Ihmiset haluavat vaistonvaraisesti antaa mieluummin perheilleen kuin vieraille, ja "maailma" on heille etäinen ja abstrakti käsite. Jos ihminen kuitenkin elää vain itselleen ja niille harvoille, joita päättää suosia ominaan, hän estää elämäänsä laajentumasta eikä hengelliseltä kannalta ajateltuna lainkaan elä. Jos hän sen sijaan tietoisesti ulottaa myötätuntonsa ja huolenpitonsa "vain meistä neljästä" lähistöön ja koko maailmaan, hänen pieni elämänsä virtaa Jumalan suurempaan elämään ja muuttuu Ikuiseksi Elämäksi. Tämä on toinen kohta vastauksessa, jonka lainoppinut sai Kristukselle esittämäänsä kysymykseen: "Mitä minun pitää tekemän, että minä iankaikkisen elämän perisin?"

Useimmat elävät itsekkyyden muurien ahtaissa rajoissa tuntematta koskaan Jumalan universaalin elämän sykettä. Jos ihminen elää tietämättömänä siitä, että hänen elämänsä tulee ikuisesta elämästä, jos hän elää pelkästään aineellisella tasolla ja jos hän sitten kuolee ja jälleensyntyy muistamatta menneitä elämiään, hän ei ole todella elänytkään. Hänen kuolevainen tietoisuutensa vaelsi harhaisten unikokemusten keskellä, mutta todellinen Itse, sielu, ei koskaan herännyt ilmaisemaan jumalallista luontoaan ja kuolemattomuuttaan. Sen sijaan kilvoittelija, joka meditaatiossa oivaltaa kuolevaisen elämänsä tuolla puolen olevan ikuisen elämän, elää ainaisesti. Hän ei menetä tietoista olemassaoloaan kuoleman hetkellä tai inkarnaatiosta toiseen siirtyessään tai sielun vapauden iäisyydessä, Jumalassa.

Pyhät ja viisaat, jotka täyttävät nuo kaksi tärkeintä käskyä, eivät ole enää alisteisia muille käskyille, sillä rakastaessaan Jumalaa syvässä meditaatiossa ja muissa olennoissa ilmenevänä he kunnioittavat itsestään selvyytenä kaikkien kosmisten lakien oikeellisuutta. Kosmisten lakien Suunnittelija toimii jumalyhteyden omaavassa luonnollisena intuitiivisena hyvyytenä, ja näin pyhimys on aina sopusoinnussa Jumalan universaalien sääntöjen kanssa. Vuosituhansien aikana sielun ympärille kasautunutta pimeyttä voidaan karkottaa vähitellen pienillä liekeillä, eli noudattamalla monenlaisia sääntöjä. Mutta kun Jumalan kaiken täyttävä valo astuu sieluun – sydämen, mielen ja voiman äärimmäisen pyrinnön ansiosta – pimeyttä ei enää ole. Suuren Valkeuden saapuminen hautaa alleen sen lepattavan valon, jota sääntöjen kurinalainen seuraaminen on merkinnyt. Niinpä kaikkien muiden ihmisen vapautumiseen tähtäävien lakien tukipylväs ja olemus on näissä kahdessa käskyssä: rakasta Jumalaa meditaatiossa ja jatkuvassa rukouksessa ja rakasta Häntä palvelemalla aineellisella, henkisellä ja hengellisellä tavalla Hänen ilmenemismuotojaan lähimmäisten universaalissa perheessä.

❖ ❖ ❖

Jumalan rakastaminen ja lähimmäisen rakkaus, joita Jeesus Kristus julisti, loisivat elpyessään ykseyden henkeä ja parantaisivat maailman vaivoja.

Vain yhteys Jumalaan voi tuoda maan päälle sopusointua ja yhteisyyttä. Kun ihminen tosiasiallisesti kokee Jumaluuden läsnäolon omassa sielussaan, hän innoittuu rakastamaan lähimmäisiään – juutalaisia ja kristittyjä, muslimeita ja hinduja. Tässä tietoisuudessa todellinen Itse ja kaikkien muiden Itset ovat yhtäläisesti yhden ehdottomasti rakastavan Jumalan heijastumia, sieluja. Utopistisista sosiaalisista ja poliittisista suunnitelmista on vain vähän pitkäkestoista hyötyä, ennen kuin ihmiskunta oppii ikuisen tieteen, jonka avulla eri uskontojen seuraajat voivat tuntea – sielun ja Hengen ykseydessä – Jumalan.

Jeesuksen esittämän "ensimmäisen käskyn" noudattaminen on ihmiselämän keskeinen velvoite. Se ylittää ja tekee vähempiarvoisiksi valtaisan joukon muita velvollisuuksia, joita ihminen kerää itselleen. Jeesus kannatti kirjoitusten kehotusta "kunnioita isääsi ja äitiäsi" mutta rakasta Jumalaa yli kaiken. Isät, äidit, ystävät ja rakastetut ovat Jumalan lahjoja. Rakasta Yhtä Rakkautta, joka kätkeytyy kaikkien ystävällisten naamioiden taa. Rakasta Häntä ensimmäiseksi ja eniten, tai muuten Hän vierailee lukemattomia kertoja sydämessä mutta vetäytyy pois, jos ei tule huomatuksi eikä ole tervetullut.

Meille on äärimmäisen tärkeää olla Jumalan kanssa nyt. Hänen rakkautensa on ainut suoja elämässä ja kuolemassa. Meidän olisi käytettävä aikaa mahdollisimman hyvin. Miksi emme käyttäisi sitä löytääksemme uudelleen yhteytemme tämän universumin Luojan, äärettömän Isän, kanssa?

Luku 9

"Jumalan valtakunta on sisällisesti teissä"

Ja kun fariseukset kysyivät häneltä, milloin Jumalan valtakunta oli tuleva, vastasi hän heille ja sanoi: "Ei Jumalan valtakunta tule nähtävällä tavalla, eikä voida sanoa: 'Katso, täällä se on', tahi: 'Tuolla'; sillä katso, Jumalan valtakunta on sisällisesti teissä." (Luuk. 17:20–21.)

Jeesus puhuttelee ihmistä, pysyvän onnen ikuista etsijää, joka tahtoo vapautua kaikesta kärsimyksestä: "Jumalan valtakunta – iäisen, muuttumattoman, alati uuden autuaallisuuden valtakunta, Kosmisen Tietoisuuden valtakunta – on sisäisesti teissä. Oivaltakaa sielunne kuolemattoman Hengen heijastumana, ja huomaatte Itsenne sulkevan sisälleen Jumalan rakkauden, viisauden ja autuuden äärettömän valtakunnan. Se on olemassa sekä jokaisessa värähtelevän luomakunnan hiukkasessa että värähtelemättömässä transsendenttisessa Absoluutissa."

Voidaan sanoa, että Jeesuksen opetukset Jumalan valtakunnasta ovat koko hänen sanomansa ydin. Toisinaan tuo opetus on selkeää kieltä, toisinaan vertauksia, joissa piilee metafyysistä merkitystä. Evankeliumi kertoo, että heti julkisen toimintansa alussa Jeesus meni "Galileaan ja saarnasi Jumalan valtakunnan evankeliumia". Hänen kehotuksensa etsiä "ensin Jumalan valtakuntaa" on Vuorisaarnan keskiössä. Ainut rukous, jonka hänen tiedetään antaneen oppilailleen, pyytää Jumalalta: "Tulkoon sinun valtakuntasi." Yhä uudelleen hän puhui taivaallisen Isän valtakunnasta ja menetelmästä, jolla se voidaan saavuttaa:

"Jos joku ei synny vedestä ja Hengestä, ei hän voi päästä sisälle Jumalan valtakuntaan."

"Kilvoitelkaa päästäksenne sisälle ahtaasta ovesta, sillä monet, sanon minä teille, koettavat päästä sisälle, mutta eivät voi."

"Ei kukaan ole noussut ylös taivaaseen, paitsi hän, joka taivaasta tuli alas, Ihmisen Poika, joka on taivaassa. Ja niinkuin Mooses ylensi käärmeen autiomaassa, niin pitää Ihmisen Poika ylennettämän."

"Ja jos sinun silmäsi viettelee sinua, repäise se pois ja heitä luotasi; parempi on sinun silmäpuolena mennä sisälle Jumalan valtakuntaan, kuin että sinut, molemmat silmät tallella, heitetään helvetin tuleen."

"Minä olen ovi; jos joku minun kauttani menee sisälle, niin hän pelastuu, ja hän on käyvä sisälle ja käyvä ulos ja löytävä laitumen."

"Minä olen tie ja totuus ja elämä; ei kukaan tule Isän tykö muutoin kuin minun kauttani."[1]

Kaiken kaikkiaan nämä ja muut Jeesuksen opetukset Jumalan valtakunnasta osoittavat – kun nämä yksinkertaiset lausumat ymmärretään syvällisesti – että Jumalan valtakuntaa ei löydetä "havainnoimalla" eli käyttämällä näön, kuulon, maun, hajun ja tunnon aineeseen sidottuja aisteja, vaan sisäistämällä tietoisuus niin että oivalletaan se jumalallinen Todellisuus, joka on "sisällisesti teissä".

"Jumalan valtakunta ei tule vastauksena aistihavaintoihin, eivätkä sitä löydä ne, jotka sanovat: 'Katso, se on täällä tai tuolla tai jossain pilvissä.' Keskittykää päinvastoin sisäänpäin, niin löydätte Jumala-tietoisuuden, joka kätkeytyy aineelliseen rajoittuvan tietoisuutenne tuolle puolen."

Monet ihmiset ajattelevat taivasta fyysisenä paikkana, avaruuden kohtana ilmakehän yläpuolella ja tähtien takana. Toiset tulkitsevat Jeesuksen lausuman Jumalan valtakunnan tulosta viittauksena Messiaaseen, joka tullessaan perustaisi taivaallisen valtakunnan maan päälle ja hallitsisi sitä. Tosiasiassa Jumalan valtakunta koostuu Kosmisen Tietoisuuden transsendenttisesta äärettömyydestä ja taivaan valtakunta värähtelevän luomakunnan taivaallisista kausaali- ja astraalivaltakunnista. Ne ovat huomattavasti hienompia ja enemmän sopusoinnussa Jumalan tahdon kanssa kuin ne fyysiset värähtelyt, jotka kasautuvat yhteen planeettoina, ilmana ja maanpäällisinä ympäristöinä.

---

[1] Näiden jakeiden syvempi metafyysinen merkitys ja niiden soveltaminen joogatieteeseen on selitetty laajasti teoksessa *The Second Coming of Christ: The Resurrection of the Christ Within You*.

Aineelliset kohteet, jotka koetaan näön, kuulon, hajun, maun ja tunnon aistihavaintoina, perustuvat sellaisten voimien leikkiin, joiden alkuperä ja olemassaolo ovat ihmistietoisuuden havaintokykyjen tuolla puolen. Kaikkien aineellisten muotojen ja aineellisten värähtelyjen alkulähde on Kosmisessa Tietoisuudessa. Aine on tiivistynyttä fyysistä energiaa. Fyysinen energia on tiivistynyttä astraalienergiaa. Astraalienergia on Jumalan tiivistynyttä alkumuotoista ajatusvoimaa. Niinpä Kosminen Tietoisuus on kätkössä aineen, fyysisen energian, astraalienergian ja ajatuksen eli tietoisuuden kerroksien sisällä ja takana.

Samoin kuin makrokosmoksessa, niin on myös ihmiskehon mikrokosmoksessa: Kosminen Tietoisuus, jota leimaa alati uusi ilo ja kuolemattomuus, on inhimillisen tietoisuuden luoja ja piilee sen sisällä. Yksilölliset sielut saivat alkunsa äärettömästä Kosmisesta Tietoisuudesta. Nämä Jumalan ajatuksen yksilöllistyneet ideat verhottiin ulkoisen ilmenemismuodon kahdella lisäkerroksella. Tämä tapahtui tiivistämällä tietoisuuden magneettiset kausaalivoimat kirkkaan elämänenergian astraaliruumiiseen ja lihan ja veren kuolevaiseen kehoon.

Niinpä Jumalan valtakunta ei ole erillään aineen valtakunnasta, vaan on sekä sen sisällä että tuolla puolen: Jumalan valtakunta on aineen valtakunnan sisällä, sillä se läpäisee hienossa muodossa koko aineen valtakunnan ollen sen alkuperä ja ylläpitäjä, ja Jumalan valtakunta on aineen valtakunnan tuolla puolen, koska se on Isän äärettömissä asunnoissa rajoittuneen fyysisen kosmoksen takana.[2]

Siksi Jeesus sanoi, että on hyödytöntä katsella taivaalle tietoisuus keskittyneenä aineellisiin värähtelyihin – samaistuneena ruumiillisiin aistimuksiin ja huvituksiin ja maalliseen mukavuuteen. Aineen ja kehon

---

[2] "Jos teidän johdattajanne sanovat: 'Katsokaa! Valtakunta on taivaissa, silloin taivaan linnut ovat teidän edellänne. Jos he sanovat teille: 'Se on meressä, silloin kalat käyvät teidän edellänne. Valtakunta on kuitenkin sekä sisällänne että ulkopuolellanne. Jos tahdotte tuntea itsenne, silloin tulette tietämään ja oivaltamaan, että olette elävän Jumalan lapsia. Jos ette kuitenkaan tunne itseänne, silloin viivytte köyhyydessä ja olette köyhyyttä." (Tuomaan evankeliumi, jae 3.)

Hänen opetuslapsensa sanoivat hänelle:"– – Milloin tulee uusi maailma?" Hän sanoi heille: "Mitä odotatte, se on tullut, mutta te ette tunne sitä." (Tuomaan evankeliumi, jae 51.)

Jeesuksen opetuslapset sanoivat hänelle: "– – Milloin valtakunta tulee?" Jeesus vastasi: "Se ei tule odottamalla. Ihmiset eivät sano: 'Katsokaa! Täällä se on!' tai 'Tuolla se on!' Isän valtakunta on kuitenkin levinneenä maan päälle, ja ihmiset eivät näe sitä." (Tuomaan evankeliumi, jae 113.) *(Julkaisijan huomautus)*

tuntemuksien valtakunnassa ihminen saa osakseen sairautta ja henkistä ja ruumiillista kärsimystä. Kääntymällä sisäänpäin, sisäiseen valtakuntaan, hän löytää Puolustajan, Pyhän Hengen eli *Aumin* kosmisen värähtelyn, joka ilmenee hengellisen tietoisuuden hienoissa keskuksissa aivoissa ja selkäytimessä. Kun ihminen on kehotietoisuuden ulospäin kulkevan virtauksen vietävänä, hän tulee kuin pyyhkäistyksi Saatanan valtakunnan haadekseen, tahtoipa tai ei. Tämä on kuolevaisen ruumiin ja sen maallisten kiintymysten ja rajoitusten valtakunta. Tietoisuuden sisäänpäin kulkevan virtauksen seuraaminen *Aumia* meditoimalla merkitsee sen autuaan Jumalan valtakunnan saavuttamista, joka on fyysisen olemuksen läpinäkymättömän esteen takana.[3]

Yhteyden ylläpitäminen pyhään Puolustajaan virittää ihmisen yhteen Kristus-tietoisuuden kanssa, joka asustaa kehossa ikuisesti täydellisenä sieluna. Kun luodaan yhä syvempi yhteys Kristus-tietoisuuden kanssa, syntyy oivallus sielun ykseydestä kaikkiallisen Hengen kanssa. Pieni Itse laajentuu äärettömään Itseen, käsittäen ikuisesti olevan, aina tietoisen ja alati uuden Autuuden rajattoman jumalallisen valtakunnan.

Jumalan valtakunta odottaa jokaista kehon ympäröimää sielua; ne kilvoittelijat löytävät tiensä sinne, jotka uppoutuvat syvään meditaatioon ylittääkseen inhimillisen tietoisuuden ja saavuttaakseen toinen toistaan korkeammat tilat: ylitietoisuuden, Kristus-tietoisuuden ja Kosmisen Tietoisuuden. Kun kilvoittelija meditoi syvästi keskittyen perinpohjin hiljaisuuden eli tyynnytettyjen ajatusten tilaan, hän vetää mielensä pois aineellisista näön, kuulon, hajun, maun ja tunnon kohteista – kaikista ruumiillisista aistihavainnoista ja häiritsevästä mielen levottomuudesta. Tässä

---

[3] Niiden kanonisoimattomien evankeliumien joukossa, jotka ovat säilyneet kristillisen ajan varhaisimmilta vaiheilta, on katkelmallinen käsikirjoitus, joka tunnetaan nimellä "Keskustelu Vapahtajan kanssa". Kirjoitus on noin vuodelta 150 jKr. ja on ollut kadoksissa aina Nag Hammadin käsikirjoituslöytöön asti v. 1945. Käännös teoksessa *The Complete Gospels: Annotated Scholar's Version* sisältää seuraavan kohdan (14:1–4):
    Matteus sanoi: "Herra, tahtoisin nähdä tuon elämän paikan – – missä ei ole pahuutta vaan ainoastaan puhdasta valoa."
    Herra sanoi: "Veli Matteus, et kykene näkemään sitä niin kauan kuin olet lihassa."
    Matteus sanoi: "Herra, vaikka en voisikaan nähdä sitä, anna minun tuntea se."
    Herra sanoi: "Ne, jotka ovat tunteneet itsensä, ovat nähneet sen." *(Julkaisijan huomautus)*

keskittyneessä sisäisessä tyyneydessä hän kokee sanomattoman rauhan. Rauha on ensimmäinen pilkahdus sisäisestä Jumalan valtakunnasta. Palvojat, jotka tahtoessaan pystyvät tällä tavalla sisäistämään mielensä ja keskittymään täysin sen tuomaan rauhaan, löytävät ehdottomasti pääsyn Jumala-tietoisuuden valtakuntaan. Valtakunta paljastuu vähitellen kaikkialla läsnä olevana, kaikkitietävyytenä, alati uutena autuutena ja näkyinä ikuisen valon maailmoista. Noissa maailmoissa vapautuneet sielut liikkuvat Jumalassa aineellistaen itsensä tai tehden itsensä aineettomiksi tahtonsa mukaan. Kukaan ei voi astua tähän Kosmisen Tietoisuuden taivaaseen, jos ei ole antaumuksellisen keskittymisen ja meditaation portista kulkien vienyt tietoisuuttaan syvälle sisäisyyteensä. Tämän takia Jeesus sanoi selkeästi: "Jumalan valtakunta on sisällisesti teissä", toisin sanoen sielun oivallusten transsendenttisissa tiloissa.

Jeesuksen kehotus astua Jumalan valtakuntaan, joka on "sisällisesti teissä", vastaa kauniisti Herra Krishnan *Bhagavadgitassa* esittämää opetusta. *Bhagavadgitan* mukaan Kuningas Sielu, Jumalan heijastuma ihmisessä, on asetettava takaisin ruumiillisen valtakunnan oikeutetuksi hallitsijaksi ja on oivallettava täysin sielun jumalalliset tietoisuuden tilat. Kun ihminen on asetunut tähän jumallisen tietoisuuden sisäiseen valtakuntaan, sielun herännyt intuitiivinen oivallus tunkeutuu aineen, elämänenergian ja tietoisuuden verhojen läpi paljastaen kaikkien asioiden ytimessä olevan Jumalan olemuksen.

Hän asuu maailmassa, sisältäen kaiken – kaikkialla, Hänen kätensä ja jalkansa; läsnä joka puolella, Hänen silmänsä ja korvansa, Hänen suunsa ja päänsä.

Hän loistaa kaikissa aistien kyvyissä, silti ylittäen aistit. Hän on riippumaton luomakunnasta, silti kaiken Kantava Voima. Hän on vapaa gunista (luonnon ilmenemismuodoista), silti niiden Nauttija.

Hän on kaiken olevaisen sisällä ja ulkopuolella, elollisen ja elottoman. Hän on lähellä ja kaukana. Hän on käsittämätön syvällisyytensä vuoksi.

Hän, Jakamaton Yksi, näyttäytyy lukemattomissa olennoissa. Hän pitää yllä ja tuhoaa noita muotoja ja luo ne sitten uudelleen.

Kaikkien valojen Valo, pimeyden tuolla puolen; Tieto itse, joka on määrä tuntea, kaiken oppimisen Tavoite. Hän on asettunut kaikkien sydämeen. (Bhagavadgita XIII:13–17.)

Raja-jooga on kuninkaallinen tie Jumala-yhteyteen, sen Jumalan valtakunnan todellisen kokemisen tiede, joka on jokaisen sisimmässä. Ihminen pystyy löytämään tuon valtakunnan herättämällä selkäytimessä ja aivoissa sijaitsevat elämänvoiman ja tietoisuuden astraaliset ja kausaaliset keskukset, jotka ovat kulkuväyliä transsendentaalisen tietoisuuden taivaallisille alueille. Noiden keskusten herättäminen tapahtuu harjoittamalla sisäistämisen pyhiä joogamenetelmiä, jotka guru antaa vihkimyksessä. Ihminen, joka on saavuttanut tällaisen heräämisen, tuntee kaikkiallisen Jumalan Hänen äärettömässä luonnossaan ja oman sielunsa puhtaudessa ja jopa muuttuvien aineellisten muotojen ja voimien harhaisissa naamioissa.

Patanjali oli Intian suurin muinainen *raja*-joogan edustaja. Hän hahmotteli kahdeksan askelmaa, joita ihmisen tuli seurata noustakseen sisäiseen Jumalan valtakuntaan.

1. *Yama*, moraalinen käyttäytyminen: pidättyminen toisten vahingoittamisesta, valheellisuudesta, varastamisesta, hillittömyydestä ja himoitsemisesta.

2. *Niyama*: ruumiin ja mielen puhtaus, tyytyväisyys kaikissa olosuhteissa, itsekuri, itsetarkkailu (itsetutkistelu) ja omistautuminen Jumalalle.

3. *Asana*: kehon harjoitus niin, että se voi omaksua ja säilyttää oikean asennon meditaatiossa ilman uupumusta tai fyysistä ja henkistä levottomuutta.

4. *Pranayama*: elämänvoiman hallinnan tekniikoita, jotka tyynnyttävät sydämen ja hengityksen ja poistavat aistien aiheuttamat häiriöt mielestä.

5. *Pratyahara*: mielen täydellisen sisäistämisen ja tyynnyttämisen voima, joka on tuloksena mielen vetämisestä pois aisteista.

6. *Dharana*: voima käyttää sisäistettyä mieltä niin, että se voi keskittyä täysin johonkin Jumalan puoleen, jonka avulla Hän paljastaa itsensä kilvoittelijan sisäiselle näkökyvylle.

7. *Dhyana*: keskittymisen (*dharanan*) voiman syventämä meditaatio, joka suo tajun Jumalan laajuudesta, Hänen ominaisuuksistaan sellaisina kuin ne ilmenevät Hänen Kosmisen Tietoisuutensa kaikkiallisuudessa.

8. *Samadhi*, Jumala-yhteys: täysi oivallus sielun ykseydestä Hengen kanssa.

Kaikki kilvoittelijat voivat löytää oven Jumalan valtakuntaan keskittymällä hengelliseen silmään, kulmakarvojen välisessä kohdassa sijaitsevaan Kristus-tietoisuuden keskukseen. Todellisen gurun opettama pitkäkestoinen ja syvä meditaatio saa ihmisen asteittain kääntämään aineellisen kehon tietoisuuden astraalikehon tietoisuudeksi ja astraalisten oivalluskykyjen herättyä oivaltamaan yhä syvemmät tietoisuuden tilat, kunnes hän saavuttaa ykseyden tietoisuuden Lähteen kanssa. Hengellisen silmän ovelle saapuessaan hän jättää taakseen kaiken kiinnittäytymisen aineeseen ja fyysiseen kehoon ja löytää pääsyn Jumalan valtakunnan sisäisiin äärettömyyksiin.

Fyysisen kehon kudokset koostuvat soluista. Astraalikehon kudos muodostuu elontroneista – älykkäistä valon tai elämänenergian yksiköistä. Ihmisen kokiessa itsensä kiinnittyneeksi fyysiseen kehoonsa – tätä tilaa luonnehtii elämänenergian jännittyminen tai puristuminen atomisiksi komponenteiksi – astraalikehon elontronit tiivistyvät ja niitä rajoittaa fyysiseen muotoon samaistuminen. Metafyysisen rentoutumisen avulla elontroninen rakenne alkaa laajentua – lihan ote ihmisen minuuden tunnosta heltiää.

Astraalisen minän energiakehys laajenee yhä syvemmän meditaation avulla fyysisen kehon rajojen ulkopuolelle. Elontroninen keho kuuluu sellaiseen olemassaolon sfääriin, jota ei rasita kolmiulotteisen fyysisen maailman ahdas harhaisuus. Sillä on mahdollisuus yhtyä Kosmisen Energian kanssa, joka täyttää koko universumin. Jumala on Pyhänä Henkenä, Pyhänä Värähtelynä, Kosmisen Energian Valo. Jumalan kuvaksi tehty ihminen koostuu tuosta valosta. Me olemme tuota valoa tiiviissä muodossa, ja olemme tuota Universaalin Itsemme Valoa.

Kilvoittelijan tulisi ensi askeleena kohti Jumalan valtakuntaan pääsyä istua hiljaa oikeassa meditaatioasennossa, selkäranka suorana, ja jännittää ja rentouttaa kehoaan. Tietoisuus nimittäin irtautuu lihaksista rentoutuksella. Joogi aloittaa asianmukaisella syvällä hengityksellä: hän jännittää koko kehon hengittäessään sisään ja rentouttaa sen samalla kun hengittää ulos, ja toistaa tämän useita kertoja. Kaikki lihasjännitys ja liike tulisi poistaa jokaisella uloshengityksellä, kunnes keho on tyyntynyt. Sitten poistetaan mielen levoton liike keskittymistekniikoilla. Kehon ja mielen täydellisessä hiljaisuudessa joogi nauttii sielun läsnäolon kuvaamatonta rauhaa. Kehossa asustaa elämä. Mielessä asustaa valo. Sielussa asustaa rauha. Mitä syvemmälle sieluun mennään, sitä enemmän koetaan tuota rauhaa. Tämä on ylitietoisuutta. Kun kilvoittelija yhä syvemmällä meditaatiolla laajentaa rauhan kokemistaan ja tuntee tietoisuutensa leviävän sen myötä yli universumin, niin että kaikki olennot ja koko luomakunta sulautuvat tuohon rauhaan, hän on astumassa Kosmiseen Tietoisuuteen. Hän kokee tuota rauhaa kaikkialla – kukissa, jokaisessa ihmisolennossa, ilmakehässä. Hän näkee maan ja kaikkien maailmojen kelluvan kuin kuplat tuossa rauhan valtameressä.

Kilvoittelijan meditaatiossa ensinnä kokema sisäinen rauha on hänen oma sielunsa. Valtaisampi rauha, jota hän tuntee edetessään syvemmälle, on Jumala. Kilvoittelija, joka kokee yhteyttä kaiken kanssa, on asettanut Jumalan äärettömän sisäisen oivalluskykynsä temppeliin.

> Hiljaisuuden temppelissä, rauhan temppelissä
> kohtaan Sinut, kosketan Sinua, rakastan Sinua!
> Ja ohjaan Sinut rauhan alttarilleni.
> Samadhin temppelissä, autuuden temppelissä
> kohtaan Sinut, kosketan Sinua, rakastan Sinua!
> Ja ohjaan Sinut autuuden alttarilleni.[4]

Kun levottomat ajatukset häviävät, mielestä tulee automaattisesti rauhan pyhä temppeli. Jumala ilmoittaa itsensä hiljaisuuden temppelissä ja sitten rauhan temppelissä. Kilvoittelija kohtaa Hänet ensin rauhana. Rauha virtaa mielentilasta, jossa kaikki ajatukset on muutettu puhtaaksi intuitiiviseksi tunteeksi. Kilvoittelija koskettaa Herraa sydämensä rakkaudella ja kokee Hänet ilona; hänen puhdas rakkautensa houkuttelee Jumalan ilmoittamaan itsensä rauhan sisäisellä alttarilla. Edistyvä kilvoittelija ei tunne Jumalaa vain meditaatiossa, vaan pitää Hänet aina rauhan alttarilla sydämessään.

Samadhin temppelissä – yhdistyessään rauhaan, joka merkitsee Jumalan ensimmäistä ilmentymistä meditaatiossa – palvoja löytää alati uuden autuuden. Tämä on iloa, joka ei milloinkaan väljähdy. Autuus on paljon syvempi tila kuin rauha. Kuten nektaria juova mykkä ihminen imee sitä mutta ei voi kuvailla sen suloista makua, samoin *samadhin* temppelissä

---

[4] Paramahansa Yoganandan teoksesta *Cosmic Chants: Spiritualized Songs for Divine Communion* (julkaissut Self-Realization Fellowship).

Kristillisten pyhimysten "jooga"

Paramahansa Yogananda kirjoitti: "Usko Pyhään Henkeen on yksi asia. Varsinainen Pyhän Hengen yhteys on jotakin muuta! Sellaiset suuret pyhimykset kuin Franciscus Assisilainen ja Avilan Teresa tunsivat menneinä vuosisatoina taidon olla yhteydessä Pyhään Henkeen ja Kristus-tietoisuuteen ja Kosmiseen Tietoisuuteen – kolminaiseen Ykseyteen – puhtaan antaumuksen sisäistyneellä voimalla."

Mestariteoksissaan *Täydellisyyden tie* ja *Sisäinen linna* kuuluisa pyhimys Avilan Teresa esittää omasta henkilökohtaisesta kokemuksestaan systemaattisen kuvauksen sisäistyneistä Jumala-yhteyden tiloista. Nämä vastaavat olennaisilta osin tarkasti niitä tietoisuuden yhä korkeampia tiloja, jotka on selitetty Intian vuosisataisessa, yleispätevässä joogan sielutieteessä.

Valaistunut mystikko Pyhä Ristin Johannes (Avilan Teresan aikalainen ja tukija) puhuu omasta kokemuksestaan Jumalasta Pyhänä Henkenä ylevän teoksensa *Hengellinen laulu* säkeistöissä 14 ja 15. Pyhä Johannes puhuu "pauhaavista virroista" ja selittää tätä symboliikkaa "hengellisenä äänenä ja äänenä, joka on ylitse kaikkien muiden maailman äänien. – –

"Tämä ääni eli tämä vyöryvien vesien ääni on runsaudessaan niin ylitsevuotava, että se täyttää sielun hyvyydellä ja on niin mahtava että se ottaa valtaansa; se ei ole vain monien vetten pauhinaa vaan ukkosen äänekkäintä jylinää. Ääni on kuitenkin hengellinen ääni, johon eivät sekoitu aineelliset äänet tai niiden kärsimys ja tuska. Päinvastoin se on majesteettisuutta, voimaa, mahtia, iloa ja kunniaa: se on ikään kuin ääretön sisäinen ääni, joka antaa sielulle voimaa ja mahtavuutta. Apostolit kuulivat hengessä tämän äänen, kun Pyhä Henki laskeutui heidän ylleen 'väkevänä tuulispäänä', kuten luemme Apostolien teoista." – –

Evelyn Underhill kirjoitti teoksessa *Mysticism* (osa 1, luku 4): "Yksi monista epäsuorista todisteista mystisismin objektiiviselle todellisuudelle on se, että tämän tien vaiheet, hengellisen edistymisen psykologia, sellaisena kuin sitä kuvailevat meditaatiota harjoittavien eri koulukunnat, aina esittää käytännössä samat perättäiset tilat. 'Pyhimysten koulu' ei ole koskaan pitänyt tarpeellisena päivittää opetusohjelmaansa ajanmukaiseksi.

"Psykologien ei ole kovinkaan vaikeaa saada sovitetuksi yhteen pyhän Teresan kuvaamat 'rukouksen asteet' – kokoamus, levon rukous, yhtymys, ekstaasi, hurmos, 'Jumalan kaipuun tuska' ja sielun hengellinen avioliitto – niiden neljän kontemplaatiomuodon kanssa, jotka Hugh St. Victorilainen luettelee, tai sufien 'seitsemän vaiheen' kanssa, joiden kautta sielu nousee Jumalaan ja jotka alkavat palvonnasta ja päättyvät hengelliseen avioliittoon. Vaikka kukin vaeltaja saattaakin valita erilaisia maamerkkejä, niiden vertailun pohjalta on selvää, että tie on yhteinen." *(Julkaisijan huomautus)*

löytyvä autuuden hurmio jättää kokijansa paljon puhuvaan sanattomuuteen. Yksin tämä ilo voi tyydyttää ihmissydämen synnynnäisen kaipuun. Kilvoittelija vaatii rakastavasti Herralta kärsivällisessä, peräänantamattomassa meditaatiossa päivä päivältä, vuosi vuodelta: "Tule minuun ilona *samadhi*-yksedessä ja jää ikuisesti sydämeeni autuuden alttarille!" Kun me riemuitsemme Rakastettumme ilossa ja sydämemme sopusoinnussa kaikkien niiden sydänten kanssa, jotka rakastavat Jumalaa hiljaisuuden ja autuuden sisäisessä temppelissä, tuo yhdistynyt ilo on Jumalan valtava alttari.

Ihmisen velvollisuus sieluna on harjoittaa tuota sisäistä hiljaisuutta löytääkseen nyt Jumalan. Käyttäessään aistejaan jokapäiväisen elämän vaatimusten keskellä kilvoittelija tarrautuu tietoisuuteen: "Minä istun sisäisen hiljaisuuden rauhan valtaistuimella." Hän pysyy sisäisesti keskittyneenä toiminnan tuoksinassa: "Minä olen hiljaisuuden jumala, joka istun jokaisen teon valtaistuimella." Mitkään kurittomat tunteet eivät järkytä hänen mielentyyneyttään: "Minä olen hiljaisuuden ruhtinas, joka istun tyyneyden valtaistuimella." Sisäinen Itse hänessä riemuitsee ollen yhtä iäisyyden kanssa elämässä ja kuolemassa: "Minä olen kuolemattomuuden kuningas, joka hallitsee hiljaisuuden valtaistuimella. Ruumiin tuhoutuminen, harhan tekemät kiusat sielulle, levottomuuden rasitukset, elämän koetukset – nämä ovat vain näytelmiä, joissa näyttelen ja joita seuraan jumalallisena ajanvietteenä. Näyttelen ehkä hetken, mutta hiljaisuuteni sisäisestä turvasta käsin katson aina kuolemattomuuden tyynellä ilolla, kuinka elämän käsikirjoitus kehkeytyy."

Jos meditaation avulla jatkuvasti kolkuttaa hiljaisuuden porteille, Jumala vastaa: "Käy sisälle. Minä kuiskailin sinulle kaikkien luonnon valepukujen välityksellä. Nyt sanon sinulle: olen Ilo – Ilon elävä Lähde. Kylve vesissäni – pese pois tottumuksesi, puhdistaudu peloistasi. Uneksin sinulle kauniin unen, mutta sinä teit siitä painajaisen, lapseni." Jumala ei tahdo lastensa olevan enää tuhlaajapoikia, vaan näyttelevän osiaan elämässä kuolemattomina, jotka tämän maallisen vaiheen jättäessään voivat sanoa: "Isä, se oli hieno näytäntö, mutta nyt olen valmis tulemaan kotiin."

On synti Itsen jumalallista luontoa kohtaan luulla, että ei ole mahdollista olla onnellinen, ja hylätä kaikki toivo rauhan saavuttamisesta. Nämä täytyy paljastaa psykologisiksi ajatusvirheiksi, jotka ovat tulosta Saatanan sekaantumisesta ihmismieleen. Loputon onnellisuus ja rauha ovat aina käsillä, aivan ihmisen tietämättömyyden verhon takana. Kuinka voisikaan olla mahdollista, että joku joutuisi ikuisesti suljetuksi pois Jumalan valtakunnasta, kun tämä on sisäisesti juuri hänessä? Ei tarvitse tehdä muuta kuin kääntyä pahuuden pimeydestä ja seurata hyvyyden valkeutta. Onni on yhtä lähellä kuin ihmisen oma Itse. Ei ole edes kysymys sen tavoittamisesta, vaan ainoastaan sielua varjostavan tietämättömyyden verhon nostamisesta. Jo sana "tavoittaa" ilmentää jotain sellaista, mitä halutaan mutta mitä ei ole – metafyysinen virhe. Autuus on jokaisen sielun peruuttamaton jumalallinen syntymäoikeus. Repäise pois tukahduttava huntu, ja yhteys tuohon ylimmäiseen onnellisuuteen syntyy hetkessä. Henki on onnellisuutta. Sielu on Hengen puhdas heijastuma. Ruumiiseen sidottu ihminen ei onnistu ymmärtämään tätä, koska hänen tietoisuutensa on vääristynyt: hänen mielensä järvenpintaa sekoittaa jatkuvasti ajatusten ja emootioiden hyökkäily. Meditaatio vaientaa tunteiden (*chitta*) aallokon, niin että Jumalan heijastuma peilautuu sisimmässämme ehyesti ilon täyttämänä sieluna.

Matkallaan Jumalan sisäiseen valtakuntaan useimmat vasta-alkajat huomaavat, että heidän meditaationsa juuttuu levottomuuden ansaan. Tämä on Saatanan räme. Kilvoittelijan tulee pelastautua siitä sitkeiden joogaharjoitusten ja antaumuksen avulla. "Aina kun häilyväinen ja levoton mieli vaeltelee – mistä tahansa syystä – vetäköön joogi sen pois noista häiriöistä ja palauttakoon sen Itsen yksinomaiseen valvontaan. – – Mieli on epäilemättä häilyväinen ja niskoitteleva, mutta joogaharjoituksen ja maltin turvin mieltä voidaan kaikesta huolimatta hallita, oi Arjuna. Tämä on sanani: jooga on vaikeaa hillittömälle, mutta itsensä hallitseva kykenee siihen kilvoittelemalla oikeiden menetelmien avulla."

On kehitettävä tottumusta pysytellä sisäisesti Jumalan tyynessä läsnäolossa, niin että tuo tietoisuus säilyy järkähtämättömänä päivin ja öin. Tämä on ponnistelun arvoista, sillä jumaltietoisuudessa eläminen vapauttaa sairauden, kärsimyksen ja pelon orjuudesta. Ole vain Jumalan seurassa; tämä on elämässä kaikki kaikessa. Jos päättää olla koskaan käymättä illalla levolle ilman meditaatiota ja Jumalan läsnäolon tuntua, elämästä tulee niin onnellista, että onnellisuus ylittää kaikki odotukset. Ponnisteluja tarvitaan, mutta ponnistelu tekee harjoittajastaan kuninkaan rauhan ja ilon valtakuntaan. Ulkonaisten aineellisten asioiden tavoitteluun käytetty aika hukkaa niitä arvokkaita mahdollisuuksia, jotka ihminen voisi käyttää oppiakseen tuntemaan Jumalan. Sanon tämän teille sydämestäni: siunattu se, joka ei luovuta ennen kuin on löytänyt Jumalan.

Sisäinen onnellisuus, joka ei ole riippuvainen ulkoisista vaikutuksista, on Jumalan vastaus ja todiste Hänen läsnäolostaan. Jumalyhteydessä saavutetaan edistystä vain meditoimalla säännöllisesti ja syvän keskittyneesti ja antaumuksella. Jokaisen päivän meditaation tulee olla syvempi kuin edellisen päivän. Jos kilvoittelija tekee Jumalan etsinnästä tärkeimmän asian, hän löytää ikuisen turvan Jumalan valtakunnassa. Vaikeuksien tai koetusten aiheuttama levottomuus ei pysty ylittämään hänen hiljaisuuden pyhäkkönsä kynnystä. Sen sisälle pääsee vain autuas, kaikkirakastava Isä-Äiti, Jumala.

Se, joka löytää sisimmästään "Korkeimman suojan", tulee tulvilleen ylintä onnea ja jumalallista turvallisuudentunnetta.[5] Seurustelipa hän ystävien parissa tai nukkui tai teki töitä, hän säilyttää tämän paikan vain Jumalaa varten. Kun hänen tietoisuutensa on keskittynyt Herraan, hän huomaa *mayan* samankeskisten huntujen äkkiä nousevan. Kilvoittelija näkee ilokseen Jumalan leikkivän kuurupiilosta kanssaan kukissa; hän näkee tähtien loistavan voimakkaammin ja taivaan hymyilevän Äärettömän kanssa. Kun hänen silmänsä ovat hengellisesti avoinna, hän näkee Jumalan silmien katsovan häntä kaikkien muiden silmin. Kaikkien ystävällisten ja epäystävällisten äänten takaa hän kuulee Jumalan totuudellisen äänen. Kaikkien viisaiden tai sekavien tahtojen takana hän havaitsee Jumalan tahdon muuttumattomuuden. Kaikkien inhimillisten rakkauksien takana hän kokee Jumalan ylivertaisen rakkauden. Mikä ihmeellinen olotila, kun kaikki Jumalan naamiot on heitetty pois ja kilvoittelija on kasvotusten Kaikkivaltiaan kanssa, jumalallisen yhteyden autuaassa yksayeydessä!

---

[5] "Joka Korkeimman suojassa istuu ja Kaikkivaltiaan varjossa yöpyy, se sanoo: 'Herra on minun turvani ja linnani, hän on minun Jumalani, johon minä turvaan.'– –

"Ei kohtaa sinua onnettomuus, eikä vitsaus lähesty sinun majaasi. Sillä hän antaa enkeleilleen sinusta käskyn varjella sinua kaikilla teilläsi. He kantavat sinua käsillänsä, ettet jalkaasi kiveen loukkaisi. – –

"Koska hän riippuu minussa kiinni, niin minä hänet pelastan; minä suojelen hänet, koska hän tuntee minun nimeni. Hän huutaa minua avuksensa, ja minä vastaan hänelle, minä olen hänen tykönänsä, kun hänellä on ahdistus, minä vapahdan hänet ja saatan hänet kunniaan. Minä ravitsen hänet pitkällä iällä ja suon hänen nähdä antamani pelastuksen." (Ps. 91:1–16.)

Juovu aina Jumalasta. Olkoon tietoisuutesi aalto alati levossa Ikuisen Meren sylissä. Jos potkii ja polskii vedessä, ei ole juurikaan tietoinen itse valtamerestä vaan vain ponnistelusta. Mutta kun uija antautuu ja rentoutuu, hänen kehonsa kelluu, ja hän tuntee koko meren kietoutuvan ympärilleen. Tyyntynyt kilvoittelija kokee tällä tavoin Jumalan; koko jumalallinen onnen universumi keinuu hiljaa hänen tietoisuutensa alla.

Jumalan valtakunta on sisäisesti teissä; *Hän* on teissä. Hän on aivan havaintojenne takana, aivan ajatustenne takana, aivan tunteittenne takana. Jumalaa on jokainen ruokajyvänen, jonka syötte, jokainen sisään vetämänne henkäys. Ette te elä ruoasta tai hapesta vaan Jumalan kosmisesta Sanasta. Kaikki käyttämänne mielen ja tekemisen voimat ovat lainaa Jumalalta. Ajatelkaa Häntä koko ajan – ennen kuin toimitte, toiminnan aikana ja toiminnan jälkeen. Täyttäessänne velvollisuutenne ihmisiä kohtaan muistakaa ennen kaikkea velvollisuutenne Jumalaa kohtaan. Ilman Häneltä saatua voimaa mitkään tehtävät eivät ole mahdollisia. Tuntekaa Hänet näön, kuulon, hajun, maun ja tunnon aistien takana. Kokekaa Hänen energiansa käsivarsissa ja jaloissa. Kokekaa Hänet elämänä jokaisessa ulos- ja sisäänhenkäisyssä. Tuntekaa hänen voimansa tahdossanne, Hänen viisautensa aivoissanne, Hänen rakkautensa sydämessänne. Missä hyvänsä Jumalan läsnäoloa koetaan tietoisesti, siellä kuolettava tietämättömyys haihtuu pois.

Viisaat eivät milloinkaan lyö laimin tapaamistaan Jumalan kanssa päivittäisessä meditaatiossa. Heille yhteyden luominen Häneen on olemassaolon tärkein päämäärä. Kaikki, jotka ovat noin vilpittömän periksi antamattomia, tulevat astumaan Jumalan valtakuntaan tässä elämässä – ja Jumalan valtakunnassa asuminen merkitsee ikuista vapautta.

❖ ❖ ❖

"Anokaa, niin teille annetaan; etsikää, niin te löydätte; kolkuttakaa, niin teille avataan.
Sillä jokainen anova saa, ja etsivä löytää, ja kolkuttavalle avataan."
– Evankeliumi Matteuksen mukaan (7:7–8)

Jos tahdot lukea lisää Jeesuksen alkuperäisistä opetuksista...

Paramahansa Yogananda

Kristuksen toinen tuleminen

Kristuksen ylösnousemus meissä

T ässä Jeesuksen alkuperäiset opetukset paljastavassa kommentaarissa Paramahansa Yogananda vie lukijan syvälliselle ja rikastuttavalle matkalle läpi neljän evankeliumin. Jae jakeelta hän valaisee yleispätevää polkua, joka johtaaykseyteen Jumalan kanssa ja jota Jeesus opetti lähimmille opetuslapsilleen, vaikka väärintulkinnat ovat opetusta vuosisatojen aikana hämärtäneet.

Jeesuksen joogassa esille tulleiden aiheiden lisäksi tämä laaja kaksiosainen teos käsittelee perusteellisesti seuraavia aiheita:

- ❖ Jeesuksen toive hänen alkuperäisten opetustensa palauttamisesta maailmalle
- ❖ Jeesuksen käyttämät jumalallisen parantamisen menetelmät
- ❖ Jeesuksen lukuisten vertausten käytännöllinen soveltaminen
- ❖ "Uskominen hänen nimeensä": yhteys pyhään Kosmiseen Värähtelyyn
- ❖ "Taivas" ja "helvetti" kuoleman jälkeisinä kokemustiloina
- ❖ Mitä "viimeinen tuomio" ja "Gabrielin trumpetti" tarkoittavat?
- ❖ "Syntisi on anteeksi annettu": aikaisemman väärän toiminnan tuottaman karman hävittäminen
- ❖ Jeesuksen ihanteet koskien hengellisesti sopusointuista avioliittoa
- ❖ Jeesuksen "maailmanloppua" koskevien sanojen todellinen merkitys
- ❖ Maria ja Martta: maallisten velvollisuuksien ja antaumuksellisen jumalyhteyden tasapainottaminen
- ❖ Uskon käyttäminen pienten vaikeuksien selvittämiseen ja "vuorten siirtämiseen"
- ❖ Kuinka Jeesus pystyi ylösnousemaan ruumiillisesti ja saavuttamaan kuolemattomuuden

Kovakantinen, kuvitettu: 15 nelivärikuvaa ja 17 sepiasävykuvaa
Saatavana Self-Realization Fellowshipistä ja kirjakaupoista

Kirjoittajasta

"Jumalan rakastamisen ja ihmiskunnan palvelemisen ihanteet toteutuivat täysimittaisesti Paramahansa Yoganandan elämässä. – – Vaikka hän vietti suurimman osan elämästään Intian ulkopuolella, hän kuuluu suurten pyhimystemme joukkoon. Hänen työnsä jatkaa kasvuaan loistaen yhä kirkkaammin ja kutsuen ihmisiä kaikkialla Hengen pyhiinvaellustielle."

– Intian hallituksen kunnianosoituksesta sen julkaistessa juhlapostimerkin Paramahansa Yoganadan muistolle 25 vuotta hänen kuolemansa jälkeen.

Paramahansa Yogananda syntyi Intiassa tammikuun viidentenä päivänä 1893. Hän omisti elämänsä kaikenrotuisten ja eri uskontoja tunnustavien ihmisten auttamiseen, jotta he voisivat oivaltaa yhä kirkkaammin ihmishengen todellisen kauneuden, jalouden ja jumalallisuuden sekä pystyisivät ilmentämään sitä omassa elämässään.

Suoritettuaan akateemisen loppututkinnon Kalkutan yliopistossa 1915 Sri Yogananda liittyi juhlallisella munkkilupauksella Intian kunnioitettuun svami-munkkikuntaan. Kaksi vuotta myöhemmin hän aloitti elämäntyönsä perustamalla "kuinka elää" -koulun – siitä on sittemmin muodostunut kaksikymmentäyksi oppilaitosta eri puolille Intiaa. Koulussa opetettiin perinteisten akateemisten aineiden lisäksi joogaa ja hengellisiä ihanteita. Vuonna 1920 hänet kutsuttiin Intian edustajaksi Bostoniin Uskontoliberaalien kansainväliseen kongressiin. Hänen kongressiesitelmänsä ja sen jälkeiset luentonsa itärannikolla saivat innostuneen vastaanoton, ja vuonna 1924 hän aloitti koko mantereen yli ulottuvan puhematkan.

Seuraavien kolmenkymmenen vuoden aikana Paramahansa Yogananda edisti kauaskantoisella tavalla idän hengellisen viisauden ymmärtämistä ja arvostusta läntisessä maailmassa. Hän muodosti Los Anglesiin kansainvälisen päämajan vuonna 1920 perustamalleen uskontokuntien rajat ylittävälle uskonnolliselle Self-Realization Fellowship -järjestölle. Kirjoituksillaan, laajoilla luentomatkoillaan ja luomalla lukuisia Self-Realization-temppeleitä ja -meditaatiokeskuksia hän tutustutti tuhannet totuuden etsijät muinaiseen joogatieteeseen ja -filosofiaan ja sen universaalisti käyttökelpoisiin meditaatiotekniikoihin.

Tänään Paramahansa Yoganandan aloittama hengellinen ja

humanitaarinen työ jatkuu hänen lähimpiin oppilaisiinsa lukeutuvan ja Self-Realization Fellowship/Yogoda Satsanga Societyn nykyisenä presidenttiä toimivan Sri Mrinalini Matan ohjauksessa. Järjestö julkaisee Paramahansa Yoganandan luentoja, kirjoituksia, vapaamuotoisia puheita (samoin kuin laajaa opetuskirjesarjaa kotiopiskelua varten) sekä julkaisutoiminnan lisäksi johtaa eri puolilla maailmaa toimivia temppeleitä, retriittejä ja keskuksia, Self-Realization-luostariyhteisöjä sekä maailmanlaajuista rukouspiiriä.

Sri Yoganandan elämää ja työtä käsittelevässä artikkelissaan Scripps Collegen muinaisten kielten professori tri Quincy Howe Jr. kirjoitti: "Paramahansa Yogananda toi länteen, ei vain Intian ikiaikaista lupausta Jumalan oivaltamisen mahdollisuudesta, vaan myös käytännöllisen menetelmän, jonka avulla kaikki hengelliset etsijät voivat edistyä nopeasti kohti tuota päämäärää. Alun perin Intian hengellistä perintöä arvostettiin lännessä ainoastaan kaikkein ylevimmällä ja abstrakteimmalla tasolla, mutta nyt se on harjoitusten ja oman kokemuksen muodossa kaikkien niiden ulottuvilla, jotka haluavat tulla tuntemaan Jumalan, ei tuonpuoleisessa vaan tässä ja nyt. – – Yogananda on tuonut korkeimmat kontemplaation menetelmät kaikkien ulottuville.

Paramahansa Yoganandan elämää ja opetuksia kuvataan hänen teoksessaan *Joogin omaelämäkerta* (katso sivua 125).

Paramahansa Yogananda:
joogi elämässä ja kuolemassa

Paramahansa Yogananda siirtyi *mahasamadhiin* (joogin lopullinen, tietoinen poistuminen kehosta) Los Angelesissa maaliskuun seitsemäntenä päivänä vuonna 1952 lopetettuaan puheensa Intian suurlähettilään Binay R. Senin kunniaksi pidetyillä illallisilla.

Suuri maailmanopettaja osoitti joogan (tieteellisten Jumala-yhteyteen johtavien tekniikoiden) arvon sekä elämässään että kuolemassaan. Viikkoja hänen poismenonsa jälkeen hänen samanlaisina pysyneet kasvonsa loistivat muuttumatonta jumalallista hohdetta.

Harry T. Rowe, losangelesilaisen Forest Lawn Memorial-Park -hautausmaan johtaja – suuren mestarin ruumis on tilapäisesti sijoitettu tuolle hautausmaalle – lähetti Self-Realization Fellowshipille notaarin vahvistaman kirjeen. Seuraavat otteet ovat siitä:

"Se, että kaikki näkyvät hajoamisen merkit puuttuivat Paramahansa Yoganandan kuolleesta ruumiista, on kokemuksemme mukaan mitä erikoisin tapaus. – – Hänen ruumiissaan ei ollut havaittavissa fyysisen hajoamisen merkkejä edes kahdenkymmenen päivän kuluttua kuolemasta. – – Hänen iholla ei ollut merkkejä homeesta, eikä ruumiin kudoksissa tapahtunut havaittavaa kuivumista. Tällainen ruumiin täydellisen ennallaan säilymisen tila on, sikäli kuin me tiedämme, ainutlaatuinen. – – Vastaanottaessaan Yoganandan ruumiin henkilökuntamme odotti näkevänsä arkun lasikannen läpi tavanomaiset ruumiin hajoamisen merkit. Hämmästyksemme kasvoi, kun päiviä kului eikä tarkkailun kohteena olevassa ruumissa tapahtunut mitään muutoksia. Yoganandan ruumis oli selvästikin ilmiömäisessä muuttumattomuuden tilassa. – –

Mitään kehon hajoamisesta aiheutuvaa hajua ei tuntunut missään vaiheessa. – – Yoganandan ulkomuoto maaliskuun 27:ntenä, kun arkun pronssikansi laskettiin paikoilleen, oli sama kuin se oli ollut maaliskuun 7:ntenä. Hän näytti maaliskuun 27:ntenä yhtä raikkaalta ja muuttumattomalta kuin oli ollut kuolemansa iltana. Maaliskuun 27:ntenä ei ollut syytä sanoa, että hänen ruumiissaan olisi tapahtunut minkäänlaista näkyvää hajoamista. Näistä syistä toteamme uudelleen, että Paramahansa Yoganandan tapaus on kokemuksemme mukaan ainutlaatuinen."

LISÄÄ TIETOA PARAMAHANSA YOGANANDAN *KRIYA*-JOOGAOPETUKSISTA

Self-Realization Fellowship on omistautunut auttamaan hengellisiä etsijöitä maailmanlaajuisesti. Jos tahdot tietoja vuosittaisista yleisölle suunnatuista esitelmäsarjoistamme ja kursseistamme, ympäri maailmaa sijaitsevien temppeleidemme ja keskuksiemme meditaatio- ja muista tilaisuuksista, retriittien aikatauluista tai muusta toiminnastamme, pyydämme Sinua tutustumaan www-sivuihimme tai ottamaan yhteyttä kansainväliseen päämajaamme:

www.yogananda-srf.org

Self-Realization Fellowship
3880 San Rafael Avenue
Los Angeles, California 90065-3219, U.S.A.

Puh. +1-323-225-2471

Myös Self-Realization Fellowshipin julkaisema:

Paramahansa Yogananda:
JOOGIN OMAELÄMÄKERTA

Tämä arvostettu omaelämäkerta piirtää erään oman aikamme suurimman hengellisen hahmon muotokuvan. Vangitsevalla suoruudella, kaunopuheisuudella ja älyllä Paramahansa Yogananda kertoo innoittavan elämäntarinansa: merkittävän lapsuutensa kokemukset, nuoruuden aikaiset tapaamisensa monien pyhimysten ja viisaiden kanssa kulkiessaan läpi Intian valaistunutta opettajaa etsimässä, kymmenen vuotta kestäneen koulutuksensa kunnioitetun joogamestarin luostarissa sekä kolmenkymmenen vuoden ajanjakson, jolloin hän eli ja opetti Amerikassa. Hän kertoo myös tapaamisistaan Mahatma Gandhin, Rabindranath Tagoren, Luther Burbankin, katolisen stigmaatikon Therese Neumanin sekä muiden tunnettujen hengenmiesten ja -naisten kanssa niin idässä kuin lännessäkin.

Joogin omaelämäkerta on sekä kauniisti kirjoitettu selonteko harvinaislaatuisesta elämästä että syvällinen johdatus muinaiseen joogatieteeseen ja sen kunnioitettuun meditaatioperinteeseen. Tekijä selittää selkeästi ne salaiset mutta täsmälliset lait, jotka ovat yhtä hyvin arkielämän tavallisten tapahtumien kuin harvinaisten, yleensä ihmeinä pidettyjen tapahtumien taustalla. Paramahansa Yoganandan kiehtova elämäntarina tarjoaa täten syvällisen ja unohtumattoman luotauksen inhimillisen olemassaolon perimmäisiin mysteereihin.

Joogin omaelämäkerta, jota pidetään nykyajan hengellisenä klassikkona, on käännetty yli kolmellekymmenelle kielelle ja sitä käytetään laajalti korkeakoulujen ja yliopistojen oppi- ja viitekirjana. Kirja on ollut pysyvä best-seller ilmestymisestään lähtien. Se on löytänyt tiensä miljoonien lukijoiden sydämiin ympäri maailman.

"Harvinainen tilitys"

— *The New York Times*

"Kiehtova ja kokemusaineistoon selkeästi perustuva kertomus"

— *Newsweek*

"Mitään tällaista joogan esitystä ei ole aikaisemmin ollut englanniksi tai millään muullakaan eurooppalaisella kielellä."

— *Columbia University Press*

Self-Realization Fellowshipin julkaisuja

Saatavana kirjakaupoista tai suoraan kustantajalta:
Self-Realization Fellowship
3880 San Rafael Avenue
Los Angeles, California 90065-3219, U.S.A.
Puh +1 323 225-2471 • Fax +1 323 225-5088
www.yogananda-srf.org

Paramahansa Yoganandan suomeksi käännettyjä kirjoja

Jeesuksen jooga

Joogin omaelämäkerta

Kuinka voit puhua Jumalan kanssa

Metafyysisiä meditaatioita

Miksi Jumala sallii pahuuden ja miten päästä pahan tuolle puolen

Onnistumisen laki

Paramahansa Yoganandan sanontoja

Peloton elämä

Sielun pyhäkössä

Sisäinen rauha

Vahvistavien parannuslauseiden tiede

Voitokas elämä

Muita Suomeksi Käännettyjä Self-Realization Fellowshipin julkaisuja

Swami Sri Yukteswar
Pyhä tiede

Sri Daya Mata
Intuitio
Sielun ohjausta elämän valintoihin

Sri Daya Mata
Vain rakkaus
Hengellinen elämä muuttuvassa maailmassa

Paramahansa Yoganandan englanninkielisiä kirjoja

Autobiography of a Yogi

The Second Coming of Christ:
The Resurrection of the Christ Within You

Inspiroitu kommentaari Jeesuksen alkuperäisistä opetuksista.

God Talks with Arjuna:
The Bhagavad Gita
Uusi käännös ja kommentaari.

Man's Eternal Quest
Paramahansa Yoganandan koottujen luentojen ja puheiden ensimmäinen osa.

The Divine Romance
Paramahansa Yoganandan koottujen luentojen, puheiden ja esseiden toinen osa.

Journey to Self-realization
Paramahansa Yoganandan koottujen luentojen ja puheiden kolmas osa.

Wine of the Mystic:
The Rubaiyat of Omar Khayyam — A Spiritual Interpretation
Inspiroitu kommentaari, joka tuo päivänvaloon jumalayhteyden mystisen tieteen Rubaijatin arvoituksellisen kuvaston takaa.

Where There Is Light:
Insight and Inspiration for Meeting Life's Challenges
Innoitusta elämän haasteiden ymmärtävään kohtaamiseen.

Whispers from Eternity
Kokoelma Paramahansa Yoganandan rukouksia ja jumalallisia kokemuksia korkeissa meditaatiotiloissa.

The Science of Religion

The Yoga of the Bhagavad Gita:
An Introduction to India's Universal Science of God-Realization

The Yoga of Jesus:
Understanding the Hidden Teachings of the Gospels

In the Sanctuary of the Soul:
A Guide to Effective Prayer

Inner Peace:
How to Be Calmly Active and Actively Calm

To Be Victorious in Life

Why God Permits Evil and How to Rise Above It

Living Fearlessly:
Bringing Out Your Inner Soul Strength

How You Can Talk With God

Metaphysical Meditations
Yli kolmesataa hengellisesti kohottavaa meditaatiota,
rukousta ja affirmaatiota.

Scientific Healing Affirmations
Paramahansa Yoganandan perusteellinen selostus vahvistavien
parannuslauseiden tieteestä.

Sayings of Paramahansa Yogananda
Kokoelma Paramahansa Yoganandan lausumia ja viisaita neuvoja,
hänen vilpittömiä ja rakastavia vastauksiaan niille,
jotka tulivat hakemaan häneltä opastusta.

Songs of the Soul
Paramahansa Yoganandan mystistä runoutta.

The Law of Success
Selittää ne dynaamiset periaatteet, joita noudattamalla
on mahdollista saavuttaa tavoitteensa elämässä.

Cosmic Chants
Kuudenkymmenen antaumuksellisen laulun sanat ja melodiat.
Johdannossa Paramahansa Yogananda selittää,
miten hengellinen laulu voi johtaa jumalayhteyteen.

Paramahansa Yoganandan äänitteitä

Beholding the One in All

The Great Light of God

Songs of My Heart

To Make Heaven on Earth

Removing All Sorrow and Suffering

Follow the Path of Christ, Krishna, and the Masters

Awake in the Cosmic Dream

Be a Smile Millionaire

One Life Versus Reincarnation

In the Glory of the Spirit

Self-Realization: The Inner and the Outer Path

Muita Self-Realization Fellowshipin julkaisuja

Swami Sri Yukteswar
The Holy Science

Sri Daya Mata
Only Love:
Living the Spiritual Life in a Changing World

Sri Daya Mata
Finding the Joy Within You:
Personal Counsel for God-Centered Living

Sri Gyanamata
God Alone:
The Life and Letters of a Saint

Sananda Lal Ghosh
"Mejda":
The Family and the Early Life of Paramahansa Yogananda

Self-Realization
(Paramahansa Yoganandan vuonna 1925 perustama, neljä kertaa vuodessa ilmestyvä lehti)

Self-Realization Fellowshipin opetuskirjeet

Paramahansa Yoganandan opettamia tieteellisiä meditaatiotekniikoita – *kriya*-jooga mukaan lukien – sekä ohjeita tasapainoisen hengellisen elämän kaikille alueille esitetään opetuskirjeissä, Self-Realization Fellowship Lessons. Tarkempaa tietoa löytyy ilmaiseksi saatavasta kirjasesta "Undreamed-of Possibilities", jota on englanniksi, espanjaksi ja saksaksi.

Self-Realization Fellowshipin
PÄÄMÄÄRÄT JA IHANTEET

Määritellyt Paramahansa Yogananda, perustaja
Sri Mrinalini Mata, presidentti

Levittää kansojen keskuuteen tietoa täsmällisistä tieteellisistä tekniikoista, joiden avulla voidaan saavuttaa suora henkilökohtainen kokemus Jumalasta.

Opettaa, että elämän tarkoitus on ihmisen omien ponnisteluiden kautta tapahtuva kehitys rajallisesta kuolevaisen tietoisuudesta Jumala-tietoisuuteen ja tätä varten perustaa kaikkialle maailmaan Self-Realization Fellowshipin temppeleitä, joissa voidaan harjoittaa jumalayhteyttä, sekä kehottaa ihmisiä perustamaan Jumalan temppeleitä omiin koteihinsa ja sydämiinsä.

Tuoda julki alkuperäisen, Jeesuksen Kristuksen opettaman kristinuskon sekä alkuperäisen, Bhagavan Krishnan opettaman joogan välinen täydellinen harmonia ja perustavanlaatuinen ykseys ja osoittaa, että nämä totuuden periaatteet ovat kaikkien tosi uskontojen yhteinen tieteellinen perusta.

Näyttää se jumalallinen valtatie, jolle kaikkien tosi uskontojen tiet lopulta johtavat: päivittäisen tieteellisen ja antaumuksellisen meditaation valtatie.

Vapauttaa ihminen hänen kolminkertaisesta kärsimyksestään: kehon sairauksista, mielen tasapainottomuudesta ja hengellisestä tietämättömyydestä.

Edistää yksinkertaista elämää ja syvällistä ajattelua; levittää kansojen keskuuteen veljeyden henkeä opettamalla niiden ykseyden ikuista perustaa: että ne kaikki ovat Jumalan sukua.

Osoittaa, että mieli hallitsee kehoa ja sielu mieltä.

Voittaa paha hyvällä, suru ilolla, julmuus ystävällisyydellä, tietämättömyys viisaudella.

Yhdistää tiede ja uskonto niiden perimmäisten periaatteiden ykseyden oivaltamisen kautta.

Edistää idän ja lännen keskinäistä kulttuurista ja hengellistä ymmärrystä ja kummankin parhaiden ominaispiirteiden keskinäistä vaihtoa.

Palvella ihmiskuntaa omana laajempana Itsenä.

SANASTO

alkutekijät (joita on viisi). Kosminen Värähtely eli *Aum* rakentaa koko fyysisen luomakunnan, myös ihmisen fyysisen kehon, ilmentämällä viittä *tattvaa* (alkutekijää): maata, vettä, tulta, ilmaa ja eetteriä (*q. v.*). Nämä ovat rakenteellisia voimia, luonnossa älykkäitä ja värähteleviä. Ilman maaelementtiä ei olisi kiinteän aineen tilaa. Ilman vesielementtiä ei olisi nestemäistä tilaa. Ilman ilmaelementtiä ei olisi kaasumaista tilaa. Ilman tulielementtiä ei olisi kuumuutta. Ilman eetterielementtiä ei olisi taustaa, jolle kosminen elokuva tuotetaan. Ihmiskehoon *prana* (kosminen värähtelevä energia) saapuu ydinjatkeeseen ja sieltä se jakautuu viiteen alkuvirtaukseen viiden alemman *chakran* (*q. v.*) eli keskuksen toiminnan kautta; ne ovat häntäluun (maan), ristiluun (veden), lantion (tulen), selän (ilman) ja kaulan (eetterin) keskukset. Sanskritin terminologia näille elementeille on *prithivi, ap, tej, prana* ja *akasha*.

Arjuna. Ylevä opetuslapsi, jolle Bhagavan Krishna ilmoitti *Bhagavadgitan* (*q. v.*) kuolemattoman sanoman; yksi viidestä Pandavan prinssistä suuressa hindueeppoksessa *Mahabharatassa*, jossa hän on avainhahmo.

astraalimaailma. Herran luomakunnan syvällinen piiri, valon ja värin universumi, joka koostuu atomia hienommista voimista, ts. elämänenergian värähtelyistä eli elontroneista (katso *prana*). Aineellisen tason jokaisella olennolla, jokaisella kohteella, jokaisella värähtelyllä on astraalinen vastineensa, sillä astraalisessa universumissa (taivaassa) on aineellisen maailmankaikkeutemme malli. Ihmisen valon astraalikehoon puettu sielu nousee fyysisessä kuolemassa jollekin korkeammista tai matalammista astraalitasoista ansiokkuutensa mukaan jatkamaan hengellistä kehitystään tuon syvällisemmän maailman suuremmassa vapaudessa. Hän jää sinne karmisesti edeltä määrätyksi ajaksi aina fyysiseen jälleensyntymään saakka.

astraalikeho. Ihmisen hieno valon keho, joka muodostuu *pranasta* eli elontroneista. Se on toinen niistä kolmesta suojuksesta, jotka peräkkäin ympäröivät sielua ja jotka ovat: kausaalikeho (*q. v.*) astraalikeho ja fyysinen keho. Astraalikehon voimat elävöittävät fyysistä kehoa, paljolti niin kuin sähkö antaa valon lamppuun. Astraalikehossa on yhdeksäntoista alkutekijää: äly, ego, tunne, mieli (aistitietoisuus), viisi tiedon välinettä (näön, kuulon, hajun, maun ja tunnon fyysisten elinten sisäiset aistinvoimat), viisi toiminnan välinettä (toimeenpanevat voimat fyysisissä lisääntymisen, erittämisen, puheen, liikkumisen ja kädentaitojen harjoituksen välineissä) ja viisi elämänvoiman välinettä, jotka suorittavat verenkierron, aineenvaihdunnan, yhteyttämisen, kiteyttämisen ja poistamisen toimintoja.

Aum (Om). Sanskritin kantasana tai alkuäänne. Se symboloi jumaluuden sitä puolta, joka luo ja ylläpitää kaikkea. Se on Kosminen Värähtely. *Vedojen Aumista* juontui tiibetiläisten pyhä sana, *Hum*, muslimien *Amin* ja egyptiläisten, kreikkalaisten, roomalaisten, juutalaisten ja kristittyjen *Amen*. Maailman suuret uskonnot selittävät, että kaikki luotu saa alkunsa *Aumin* eli Amenen, Sanan eli Pyhän Hengen kosmisesta värähtelevästä energiasta. "Alussa oli Sana, ja Sana oli Jumalan tykönä, ja Sana oli Jumala. - - Kaikki on saanut syntynsä hänen kauttaan [Sanan eli *Aumin* kautta], ja ilman häntä ei ole syntynyt mitään, mikä syntynyt on." (Joh. 1:1, 3.)

Amen merkitsee heprean kielessä *tosi, luotettava*. "Näin sanoo Amen, se uskollinen ja totinen todistaja, Jumalan luomakunnan alku" (Ilm. 3:14). Aivan samoin kuin käyvän moottorin värähtely tuottaa ääntä, *Aumin* aina läsnä oleva ääni on todisteena sen "kosmisen moottorin" käynnistä, joka ylläpitää värähtelevällä energialla luomakunnan kaikkea elämää ja jokaista hiukkasta. Paramahansa Yogananda opettaa *Self-Realization Fellowshipin opetuskirjeissä* (*q. v.*) meditointimenetelmiä, joiden harjoitus johtaa suoraan kokemukseen Jumalasta *Aumina* eli Pyhänä Henkenä. Tuo autuas yhteys näkymättömän jumalallisen voiman ("Puolustajan, Pyhän Hengen" – Joh. 14:26) kanssa on rukouksen todellinen tieteellinen perustus.

avataara. Sanskritin sanasta *avatara*, jonka kantoina ovat *ava*, 'alas', ja *tri*, 'siirtyä'. Sieluja, jotka ovat saavuttaneet ykseyden Hengen kanssa ja sitten palaavat maan päälle auttamaan ihmiskuntaa, kutsutaan avataaroiksi, jumalallisiksi inkarnaatioiksi.

avidya. Kirjaimellisesti 'epätieto', tietämättömyys; *mayan*, kosmisen harhan (*q. v.*), ilmentymä ihmisessä. Pohjimmiltaan *avidya* on ihmisen tietämättömyyttä jumalallisesta luonnostaan ja ainoasta todellisuudesta, Hengestä.

Babaji. Katso *Mahavatar Babaji*.

Bhagavadgita. "Herran laulu", muinainen intialainen kirjoitus. Se koostuu kahdeksastatoista luvusta, jotka ovat peräisin *Mahabharata*-eepoksen kuudennesta kirjasta (*Bhishma Parva*). Teos on muodoltaan avataara (*q. v.*) Herra Krishnan ja hänen oppilaansa Arjunan välinen dialogi historiallisen Kurukshetran taistelun aattona. *Gita* on syvällinen tutkielma joogan tieteestä (Jumala-yhteydestä) ja ajaton kuvaus onnesta ja menestymisestä jokapäiväisessä elämässä. *Gita* on sekä allegoriaa että historiaa. Se on hengellinen tutkielma ihmisen hyvien ja huonojen taipumusten välisestä sisäisestä kamppailusta. Asiayhteydestä riippuen Krishna symboloi gurua, sielua tai Jumalaa. Arjuna edustaa korkealle pyrkivää kilvoittelijaa. Mahatma Gandhi kirjoitti tästä yleismaailmallisesta kirjoituksesta: "Ne, jotka meditoivat *Gitaa*, löytävät siitä uutta iloa ja uusia merkityksiä joka päivä. Ei ole ainuttakaan hengellistä solmua, jota *Gita* ei selvittäisi."

Tässä kirjassa olevat *Bhagavadgitan* lainaukset ovat peräisin Paramahansa Yoganandan omasta käännöksestä, *God Talks With Arjuna: The Bhagavad Gita – Royal Science of God-Realization* (julkaissut Self-Realization Fellowship).

Bhagavan Krishna. Avataara, joka eli Intian kuninkaana kauan ennen kristillistä aikakautta. Yksi hindulaisten kirjoitusten sanalle *Krishna* antama merkitys on 'kaikkitietävä henki'. Niinpä *Krishna* on kuten *Kristuskin* hengellinen nimitys, joka tuo julki avataaran jumalallisen suuruuden – hänen ykseytensä Jumalan kanssa. Nimitys *Bhagavan* merkitsee 'Herra'. Varhemmassa elämässään Krishna oli karjapaimen, joka lumosi paimennettavansa huilunsa musiikilla. Tässä osassaan Krishnan on usein katsottu edustavan vertauskuvallisesti sielua, joka soittaa meditaation huilua johdattaakseen kaikki harhaan joutuneet ajatukset takaisin kaikkitietävyyden tarhaan.

bhakti-jooga. Hengellinen tapa lähestyä Jumalaa. Se painottaa ehdotonta antautuvaa rakkautta ylimpänä menetelmänä, jolla voi päästä Jumalan yhteyteen ja yhdistyä Hänen kanssaan. Katso *jooga*.

Brahman (Brahma). Absoluuttinen Henki. Brahman on toisinaan esitetty sanskritissa muodossa *Brahma* (lopussa lyhyt a), mutta merkitys on sama kuin sanalla "Brahman", Henki eli Isä Jumala, ei siis Brahma-Vishnu-Shiva-kolminaisuuteen kuuluva henkilöity "Brahma-Luoja", joka on käsitteenä suppea. (Siinä esiintyy lopussa pitkä ā, *Brahmā*.)

chakrat. Joogassa seitsemän selkäytimen ja aivojen mystistä elämän ja tietoisuuden keskusta, jotka elähdyttävät ihmisen fyysisen ja astraalikehon. Näistä keskuksista puhutaan *chakroina* ('pyörinä'), koska keskittynyt energia on kussakin ikään kuin keskiö, josta elämää antavat valon ja energian säteet lähtevät. Nämä *chakrat* ovat nousevassa järjestyksessä *muladhara* (häntäluun keskus selkärangan tyvessä), *svadhisthana* (ristiluun keskus, pari tuumaa *muladharan* yläpuolella), *manipura* (lantion keskus, napaa vastapäätä), *anahata* (selän keskus, vastapäätä sydäntä), *vishuddha* (kaulan keskus, kaulan pohjalla), *ajna* (perinteisesti paikannettu kulmakarvojen väliin, todellisuudessa yhdistynyt polariteetin myötä ydinjatkeeseen; katso myös *ydinjatke* ja *hengellinen silmä*) ja *sahasrara* (isojenaivojen ylimmässä osassa).

Nämä seitsemän keskusta ovat jumalallisesti suunniteltuja ovia tai "kattoluukkuja", joiden läpi sielu on laskeutunut ruumiiseen ja joiden kautta sen on noustava meditaation kuluessa. Sielu pelastuu Kosmiseen Tietoisuuteen seitsemän toisiaan seuraavan askelman tietä. Kulkiessaan tietoisesti ylöspäin seitsemän avautuneen tai "heränneen" aivot-selkäydin-akselilla sijaitsevan keskuksen kautta sielu taivaltaa jumaluuden valtatietä, todellista polkua, jolla sielun täytyy seurata tulojälkiään yhdistyäkseen Jumalaan.

Joogatutkielmat ottavat tavallisesti lukuun vain kuusi alinta keskusta *chakroina*, kun taas *sahasrara* viittaa erilliseen seitsemänteen keskukseen. Kaikista seitsemästä keskuksesta puhutaan usein kuitenkin lootuksina, joiden terälehdet avautuvat tai kääntyvät ylöspäin hengellisessä heräämisessä, kun elämä ja tietoisuus kulkevat ylös selkäydintä pitkin.

chitta. Intuitiivinen tunne; tietoisuuden kasauma, jossa ovat myötäsyntyisinä *ahamkara* (ego), *buddhi* (ymmärrys) ja *manas* (mieli tai aistitietoisuus).

dharma. Oikeudenmukaisuuden ikuisia prinsiippejä, jotka ylläpitävät koko luomakuntaa; ihmisen myötäsyntyinen velvollisuus elää sopusoinnussa näiden periaatteiden kanssa. Katso myös *sanatana dharma*.

eetteri. Sanskritin sana *akaśa* käännetään sekä 'eetteriksi' että 'avaruudeksi'. Se tarkoittaa erityisesti aineellisen maailman hienointa värähtelevää elementtiä. (Katso *alkutekijät*.) Se johtuu sanoista *ā*, 'kohti', ja *kasha*, 'olla näkyvä, ilmestyä'. *Akasha* on hieno "tausta", jota vasten kaikki tulee havaittavaksi aineellisessa universumissa. "Avaruus antaa kohteille ulottuvuudet; eetteri erottaa kuvat", Paramahansa Yogananda lausui. "Eetterillä täyttynyt avaruus on raja taivaan eli astraalimaailman ja maan välillä", hän selitti. "Kaikki Jumalan luomat hienommat voimat koostuvat valosta eli ajatusmuodoista ja ovat vain kätkössä eetterinä ilmentyvän erityisen värähtelyn takana."

egoismi. Ego-periaate, *ahamkara* (kirjaimellisesti 'minä teen'), on kaksinaisuuden eli ihmisen ja hänen Luojansa näennäisen erillisyyden perussyy. *Ahamkara* saattaa ihmisolennot *mayan* (q. v.) alaisuuteen, minkä takia vallan alainen (ego) näyttäytyy valheellisesti itsenäisesti olemassa olevana. Luodut kuvittelevat itse olevansa luojia. Kun egotietoisuus häviää, ihminen herää jumalalliseen identiteettiinsä, ykseyteensä ainoan Elämän, Jumalan, kanssa.

elontronit. Katso *prana.*

elämänvoima. Katso *prana.*

guru. Hengellinen opettaja. Vaikka sanaa *guru* käytetään usein väärin viittaamaan keneen tahansa opettajaan tai opastajaan, aito Jumalan valaisema guru on sellainen, joka on itsensä hallitsemisen saavutettuaan oivaltanut samuutensa kaikkiallisen Hengen kanssa. Hän on ainutlaatuisesti pätevä johdattamaan etsijää tämän sisäisellä matkalla kohti jumalallista oivallusta.

Kun kilvoittelija on valmis etsimään Jumalaa tosissaan, Herra lähettää hänelle gurun. Jumala johdattaa oppilasta tällaisen gurun viisauden, älyn, Itse-oivalluksen ja opetusten välityksellä. Noudattamalla mestarin opetuksia ja harjoituksia oppilas kykenee tyydyttämään sielunsa kaipuun Jumala-oivalluksen mannalla. Todellinen guru, jonka Jumala määrää auttamaan vilpittömiä etsijöitä vastaukseksi heidän syvään sielun kaipaukseensa, ei ole tavallinen opettaja. Hän on inhimillinen välikappale, jonka kehoa, puhetta, mieltä ja hengellisyyttä Jumala käyttää kanavana vetääkseen ja opastaakseen kadotettuja sieluja takaisin heidän kuolemattomuuden kotiinsa. Guru on kirjoitusten totuuden elävä ruumiillistuma. Hän on pelastuksen edustaja, jonka Jumala on nimittänyt vastauksena etsijän vaatimukseen vapautua aineen kahleista.

Swami Sri Yukteswar kirjoitti teoksessa *The Holy Science* (*Pyhä tiede*): "Gurun seurassa oleminen ei tarkoita pelkästään hänen fyysisessä seurassaan olemista (koska se on joskus mahdotonta) vaan ennen kaikkea hänen muistamistaan sydämissämme ja olemista hänen kanssaan periaatteessa, hänen tietoisuuteensa virittyneinä." Katso *mestari.*

hengellinen silmä. Intuition ja kaikkiallisen oivaltamisen "yksi" tai "yksittäinen" silmä Kristus (*Kutastha*) -keskuksessa (*ajna-chakrassa*), kulmakarvojen välissä. Syvästi meditoiva näkee hengellisen silmän kuviona, jossa kultainen valokehä ympäröi opaalinhohtoista aluetta ja jonka keskustassa on viisisakarainen tähti. Nämä mikrokosmoksen muodot ja värit edustavat vastaavassa järjestyksessä luomakunnan värähtelevää aluetta (Kosmista Luontoa, Pyhää Henkeä), Poikaa eli Jumalan intelligenssiä luomakunnassa (Kristus-tietoisuutta) ja koko luomakunnan tuolla puolen olevaa värähtelemätöntä Henkeä (Isää Jumalaa).

Hengellinen silmä on sisäänkäynti jumalallisen tietoisuuden perimmäisiin tiloihin. Kun kilvoittelijan tietoisuus lävistää hengellisen silmän syvässä meditaatiossa ja saapuu siinä edustettuina oleville kolmelle alueelle, hän kokee peräjälkeen seuraavat tilat: ylitietoisuuden eli sieluoivalluksen alati uuden ilon ja ykseyden Jumalan kanssa, jota edustaa *Aum* (q. v.) eli Pyhä Henki; Kristus-tietoisuuden, ykseyden Jumalan koko luomakunnassa olevan universaalin intelligenssin kanssa; ja kosmisen tietoisuuden, yhdistymisen kaikkiallisseen Jumalaan, joka on sekä värähtelevän ilmentyvän maailman tuolla puolen että sisäpuolella. Katso myös *tietoisuus, tietoisuuden tilat*; *ylitietoisuus*; *Kristus-tietoisuus.*

Selittäessään Hesekielin kohtaa (43:1-2) Paramahansa Yogananda on kirjoittanut: "Otsassa ('idässä') olevan jumalallisen silmän kautta joogi luotsaa tietoisuutensa kaikkiallisuuteen kuullen äänen eli *Aumin*, 'paljojen vetten' jumalallisen äänen, valon värähtelyt, jotka muodostavat luomakunnan ainoan todellisuuden." Hesekielin sanoin: "Sitten hän kuljetti minut portille – sille portille, joka antoi itää kohden. Ja katso: Israelin Jumalan kunnia tuli idästä päin. Sen kohina oli niinkuin paljojen vetten kohina, ja maa kirkastui hänen kunniastansa."

Myös Jeesus puhui hengellisestä silmästä: "Kun silmäsi on yksi, on koko sinun ruumiisi valaistu.* – – Katso siis, ettei valo, joka sinussa on, ole pimeyttä." (Luuk. 11:34, 35.)

hengitys. "Hengityksen tuoma lukemattomien kosmisten virtausten tulva ihmiseen herättää levottomuutta hänen mielessään", kirjoitti Paramahansa Yogananda. "Täten hengitys yhdistää ihmisen katoaviin elämyksellisiin maailmoihin. Joogi oppii hiljentämään hengityksensä tieteellisen meditaation avulla paetakseen hetkellisyyden murheita ja päästäkseen Todellisuuden autuaaseen valtakuntaan."

intuitio. Sielun kaikkitietävä kyky, joka tekee ihmisen kykeneväksi kokemaan totuuden suoran oivalluksen avulla, ilman aistien välitystä.

Itse. Itse isolla alkukirjaimella tarkoittaa *atmania* eli sielua erotukseksi tavallisesta itsestä, joka on henkilöllisyys tai ego (katso *egoismi*). Itse on yksilöllistynyt Henki, jonka luonne on ainaisesti oleva, ainaisesti tietoinen ja aina uusi ilo. Näiden sielun luonnon jumalallisten ominaisuuksien kokeminen saavutetaan meditaation avulla.

Itse-oivallus. Paramahansa Yogananda on määritellyt Itse-oivalluksen "sen tietämiseksi – kehossa, mielessä ja sielussa – että olemme yhtä Jumalan kaikkiallisuuden kanssa; että meidän ei tarvitse enää rukoilla yhtymistä siihen ja että emme ole ainoastaan koko ajan lähellä sitä, vaan että Jumalan kaikkiallisuus on meidän kaikkiallisuuttamme; että olemme juuri niin paljon osa Häntä nyt kuin tulemme koskaan olemaan. Meidän on ainoastaan syvennettävä ymmärrystämme ja kokemistamme."

jnana-jooga. Jumala-yhteyteen johtava polku, jossa muutetaan älyn erotteleva voima sielun kaikkitietäväksi viisaudeksi.

jooga. Sanskritin sanasta *yuj*, 'yhdistyminen'. Sanan *jooga* korkein merkitys hindulaisessa filosofiassa on yksittäisen sielun yhdistyminen Henkeen meditaation tieteellisten menetelmien avulla. Hindulaisen filosofian laajemman kirjon piirissä jooga on yksi kuudesta oikeaoppisesta järjestelmästä, jotka ovat: *vedanta, mimamsa, sankhya, vaisesika, nyaya* ja jooga. Myös joogamenetelmiä on erityyppisiä: *hatha-, mantra-, laya-, karma-, jnana-, bhakti-* ja *raja*-jooga. *Raja*-jooga, "kuninkaallinen" eli täydellinen jooga, on se muoto, jota Self-Realization Fellowship opettaa ja jota Bhagavan Krishna ylistää oppilaalleen Arjunalle *Bhagavadgitassa*: "Joogi on suurempi kuin kehon kurinalaisuutta harjoittavat askeetit, jopa suurempi kuin viisauden polun tai tekojen polun seuraajat. Ole sinä, oi Arjuna, joogi!" (*Bhagavadgita* VI:46). Viisas Patanjali, joogan etevin edustaja, on hahmotellut kahdeksan määrättyä askelmaa, joilla *raja*-joogi saavuttaa *samadhin* eli yhdistymisen Jumalaan. Ne ovat: (1) *yama*, moraalinen käytös, (2) *niyama*, uskonnollisten sääntöjen noudattaminen, (3) *asana*, oikea asento, (4) *pranayama*, *pranan*, syvällisten elämänvirtausten, hallinta, (5) *pratyahara*, sisäistyminen, aistien irrottaminen ulkonaisista kohteista, (6) *dharana*, keskittyminen, (7) *dhyana*, meditaatio ja (8) *samadhi*, ylitietoinen kokemus, yhdistyminen Jumalan kanssa.

joogi. Joogan (*q. v.*) harjoittaja. Joogi on kuka tahansa, joka harjoittaa tieteellistä menetelmää jumaloivalluksen saavuttamiseksi. Hän voi olla naimisissa tai naimaton, joko maallisia vastuita omaava tai muodollisia uskonnollisia lupauksia tehnyt.

Jumalallinen Äiti. Jumalan puoli, joka toimii luomakunnassa; transsendenttisen Luojan *shakti* eli voima. Muita termejä tälle Jumaluuden puolelle ovat *Aum*, *Shakti*, Pyhä Henki, Kosminen Älykäs Värähtely, Luonto eli *Prakriti*. Myös Jumalan persoonallinen puoli, joka ilmentää äidin rakkauden ja myötätunnon ominaisuuksia.

Hindulaiset kirjoitukset opettavat, että Jumala on sekä immanentti että transsendenttinen, sekä persoonallinen että persoonaton. Häntä voidaan etsiä Absoluuttina tai yhtenä Hänen ilmentämistään ikuisista ominaisuuksista, kuten rakkautena, viisautena, autuutena ja valona, tai *ishtan* (jumaluuden) muotona, tai Isänä, Äitinä tai Ystävänä.

jälleensyntyminen. Oppijärjestelmä, jonka mukaan ihmisolennot evoluution lain pakottamina syntyvät toistuvasti uudelleen asteittain korkeampiin elämiin – väärien tekojen ja halujen hidastamina ja hengellisten pyrkimysten jouduttamina – kunnes he saavuttavat Itse-oivalluksen ja yhdistymisen Jumalaan. Ylitettyään täten kuolevaisen tietoisuuden rajoitukset ja vajavuudet sielu on iäti vapaa pakollisista jälleensyntymistä. "Joka voittaa, sen minä teen pylvääksi Jumalani temppeliin, eikä hän koskaan enää lähde sieltä ulos" (Ilm. 3:12).

karma. Menneiden, tässä tai edellisissä elämissä tehtyjen tekojen seuraukset; sanskritin sanasta *kri*, tehdä. Hindulaisten kirjoitusten tulkitsemana karman tasapainottava laki koskee toimintaa ja vastavaikutusta, syytä ja seurausta, kylvämistä ja korjaamista. Luonnollisen oikeudenmukaisuuden alaisena kukin ihminen päätyy kohtalonsa muokkaajaksi. Olipa hän itse pannut liikkeelle mitä tahansa energioita, viisaasti tai epäviisaasti, niiden on palattava hänelle, lähtökohtaansa, ikään kuin kyse olisi vääjäämättä täydentyvästä ympyrästä. Karman ymmärtäminen oikeuden laiksi auttaa vapauttamaan ihmismielen kaunasta Jumalaa ja ihmisiä kohtaan. Ihmisen karma seuraa häntä inkarnaatiosta toiseen kunnes se on joko täytetty tai voitettu hengellisesti. Katso *jälleensyntyminen*.

Ihmisolentojen kasautuvat teot yhteisöjen, kansojen tai maailman piirissä muodostavat joukkokarmaa, joka synnyttää paikallisia tai kauas ulottuvia seurauksia hyvän ja pahan asteen ja voittopuolisuuden mukaan. Niinpä jokaisen ihmisen ajatukset ja teot vaikuttavat tämän maailman ja sen kaikkien ihmisten hyväksi tai pahaksi.

karma-jooga. Polku, joka johtaa Jumalan luo epäitsekkään toiminnan ja palvelun avulla. Pyyteettömällä palvelulla, antamalla tekojen hedelmät Jumalalle ja näkemällä Jumalan ainoana Tekijänä kilvoittelija vapautuu egosta ja kokee Jumalan. Katso *jooga*.

kausaalimaailma. Kausaalinen eli ideamaailma, ajattelun (ajatustronien) maailma on fyysisen aineen maailman (atomien, protonien, elektronien) ja valovoimaisen elämänenergian (elontronien) hienon astraalimaailman takana. Kun ihminen on kehittynyt riittävästi ylittääkseen fyysisen ja astraaliuniversumin, hän asustaa kausaalisessa universumissa. Fyysinen ja astraalinen universumi ovat kausaaliolentojen tietoisuudessa purkautuneet niiden ajatusolemukseksi. Mitä fyysinen ihminen kykeneekin tekemään mielikuvituksessaan, sen voi kausaali-ihminen tehdä todellisuudessa. Ainoa rajoitus on ajatus itse. Lopulta ihminen riisuu viimeisen sielunpeitteen – kausaalikehonsa – yhtyäkseen kaikkialliseen Henkeen kaikkien värähtelevien maailmojen tuolla puolen.

kausaalikeho. Pohjimmiltaan ihminen on sieluna kausaalikehon omaava olemus. Hänen kausaalikehonsa on käsitepohja astraalisille ja fyysisille kehoille. Kausaalikeho rakentuu kolmestakymmenestäviidestä käsitetekijästä, jotka vastaavat astraalikehon (*q. v.*) yhdeksäätoista elementtiä sekä fyysisen kehon kuuttatoista aineellista peruselementtiä.

Kolminaisuus. Hengen luodessa luomakunnan Hengestä tulee Kolminaisuus: Isä, Poika ja Pyhä Henki eli *Sat*, *Tat* ja *Aum*. Isä (*Sat*) Jumala Luojana on luomakunnan tuolla puolen oleva Kosminen Tietoisuus. Poika (*Tat*) on Jumalan luomakunnassa aina läsnä oleva intelligenssi (Kristus-tietoisuus eli *Kutastha Chaitanya*). Pyhä Henki (*Aum*) on Jumalan värähtelevä voima, joka luo luomakunnan ja tulee luomakunnaksi.

kosminen energia. Katso *prana*.

kosminen harha. Katso *maya*.

Kosminen Tietoisuus. Absoluutti; transsendenttinen Henki, joka on luomakunnan tuolla puolen; Isä Jumala. Myös *samadhi*-meditaation tila, jossa ollaan yhtä sekä värähtelevän luomakunnan ulko- että sisäpuolella olevan Jumalan kanssa. Katso *Kolminaisuus*.

Kosminen Älykäs Värähtely. Katso *Aum*.

Kosminen Ääni. Katso *Aum*.

Krishna. Katso *Bhagavan Krishna*.

Krishna-tietoisuus. Kristus-tietoisuus, *Kutastha Chaitanya*. Katso *Kristus-tietoisuus*.

Kristus. Jeesuksen kunnioittava nimitys: Jeesus Kristus. Tämä termi osoittaa myös Jumalan universaalia intelligenssiä, joka on läsnä luomakunnassa (toisinaan puhutaan kosmisesta Kristuksesta tai äärettömästä Kristuksesta), tai sitä käytetään viittaamaan suuriin opettajiin, jotka ovat saavuttaneet ykseyden tuon Jumalallisen Tietoisuuden kanssa. (Kreikan sana *Christos* merkitsee 'voideltu', samoin kuin heprean sana *Messiah*.) Katso myös *Kristus-tietoisuus* ja *Kutastha Chaitanya*.

Kristus-keskus. Kulmakarvojen välisessä kohdassa sijaitseva *kutastha* eli *ajna-chakra* on suoraan yhdistynyt polariteetin myötä ydinjatkeeseen (*q. v.*); tahdon ja keskittymisen sekä Kristus-tietoisuuden (*q. v.*) keskus; hengellisen silmän (*q. v.*) tyyssija.

Kristus-tietoisuus. Jumalan itsestään esiin heijastama tietoisuus, joka on läsnä koko luomakunnassa. Kristillisissä kirjoituksissa "ainokainen Poika", Isän Jumalan ainoa puhdas heijastuma luomakunnassa; hindulaisissa kirjoituksissa *Kutastha Chaitanya* eli

Tat, kaikkialla luomakunnassa läsnä olevan Hengen universaali tietoisuus eli kosminen äly. (Termit "Kristus-tietoisuus" ja "Kristus-Intelligenssi" ovat samaa merkitseviä, kuten myös "kosminen Kristus" ja "ääretön Kristus".) Jeesus, Krishna ja muut avataarat ilmensivät juuri tätä universaalia tietoisuutta, ykseyttä Jumalan kanssa. Suuret pyhimykset ja joogit tuntevat sen *samadhi*-meditaation tilana. Siinä heidän tietoisuutensa on samaistunut jumalalliseen intelligenssiin, joka on läsnä jokaisessa luomakunnan hiukkasessa; he kokevat koko universumin omana kehonaan. Katso *Kolminaisuus*.

kriya-jooga. Pyhä hengellinen tiede, joka on peräisin vuosituhansien takaa Intiasta. Se käsittää meditaatiomenetelmiä, joiden antaumuksellinen harjoittaminen johtaa Jumalan oivaltamiseen. Paramahansa Yogananda on selittänyt, että *kriyan* sanskritin kantasana on *kri*, tehdä, toimia ja reagoida. Sama kanta löytyy sanasta *karma*, syyn ja seurauksen luonnollisesta periaatteesta. Niinpä *kriya*-jooga merkitsee samaa kuin "yhteys (*jooga*) Jumalan kanssa tietyn teon tai riitin (*kriya*) välityksellä". *Kriya*-joogaa ylistävät Krishna *Bhagavadgitassa* ja Patanjali *Joogasutrissa*. Tälle ajalle Mahavatar Babajin (*q. v.*) elvyttämänä *kriya*-jooga on *diksha* (hengellinen vihkimys), jonka Self-Realizationin gurut antavat. Paramahansa Yoganandan *mahasamadhista* (*q. v.*) lähtien *diksha* annetaan hänen hengelliseksi edustajakseen nimitetyn välityksellä eli Self-Realization Fellowship/ Yogoda Satsanga Society of Indian presidentin (tai hänen nimittämänsä henkilön) toimesta. Kelpuutuksena *dikshaa* varten Self-Realizationin jäsenen tulee täyttää valmistavat hengelliset vaatimukset. Tämän *dikshan* vastaanottanut on *kriya*-joogi eli *kriyaban*. Katso myös *guru* ja *opetuslapsi, oppilas*.

kundalini. Luovan elämänenergian voimakas virtaus, jonka sijaintipaikka on hienossa kierteisessä kanavassa selkärangan alaosassa. Kehon elämänvoima virtaa tavallisessa valvetietoisuudessa aivoista alas selkäydintä pitkin ja ulos tämän *kundalini*-kanavan kautta elähdyttäen fyysistä kehoa sekä sitoen astraalikehon ja kausaalikehon (*qq. v*) ja ihmisen sisällä elävän sielun hänen kuolevaiseen muotoonsa. Meditaation päämääränä olevissa korkeammissa tietoisuuden tiloissa *kundalini*-energia kääntyy virtaamaan takaisin ylös selkäydintä pitkin herättäen selkäytimen ja aivojen keskusten (*chakrojen*) uinuvat hengelliset kyvyt. Kutsuttu myös "käärmevoimaksi" kierteisen muodon vuoksi.

Kutastha Chaitanya. Kristus-tietoisuus (*q. v.*). Sanskritin sana *kutastha* merkitsee 'se mikä jää muuttumattomaksi'; *chaitanya* merkitsee tietoisuutta.

Lahiri Mahasaya. Lahiri oli Shyama Charan Lahirin (1828-1895) sukunimi. Sanskritin uskonnollinen arvonimi *mahasaya* merkitsee 'mieleltään suuri'. Lahiri Mahasaya oli Mahavatar Babajin oppilas ja Swami Sri Yukteswarin (Paramahansa Yoganandan gurun) guru. Lahiri Mahasaya oli se, jolle Babaji paljasti muinaisen, lähes kadonneen *kriya*-joogan (*q. v.*) tieteen. Hän oli *yogavatar* ("joogan inkarnaatio"), joka vaikutti merkittävästi joogan uudistumiseen nykypäivien Intiassa. Hän antoi kastiin tai uskontunnustukseen katsomatta ohjeita ja siunausta lukemattomille etsijöille, jotka tulivat hänen luokseen. Hän oli Kristuksen kaltainen opettaja, jolla oli ihmeellisiä voimia. Hän oli kuitenkin myös perheihminen, jolla oli kiireiset velvollisuutensa ja joka osoitti nykymaailmalle, kuinka voidaan saavuttaa ihanteellisesti tasapainotettu elämä yhdistämällä meditaatio ulkonaisten velvoitusten oikeaan suorittamiseen. Lahiri Mahasayan elämää on kuvattu *Joogin omaelämäkerrassa.*

Mahavatar Babaji. Kuolematon *Mahavatar* ('suuri avataara'), joka antoi vuonna 1861 *kriya*-joogan (*q. v.*) vihkimyksen Lahiri Mahasayalle ja sen myötä palautti maailmalle muinaisen pelastuksen menetelmän. Hän on elänyt pysyvästi nuorena vuosisatojen ajan Himalajalla suoden jatkuvaa siunausta maailmalle. Hänen missionaan on ollut auttaa profeettoja toteuttamaan omat tehtävänsä. Hänelle on annettu monia nimityksiä, jotka ilmentävät hänen ylevää hengellistä mittavuuttaan, mutta *mahavatar* on yleensä omaksunut yksinkertaisen nimen Babaji, joka tulee sanskritin sanasta *baba*, 'isä', jiloppuliitteen ilmaistessa kunnioitusta. Enemmän tietoa hänen elämästään ja hengellisestä tehtävästään on luettavissa teoksesta *Joogin omaelämäkerta.* Katso *avataara.*

mantra-jooga. Jumalallisen yhteyden saavuttaminen sellaisten kantasanaäänteiden antaumuksellisella ja keskittyneellä toistamisella, joilla on hengellisesti hyvää tekevä värähtelevä voima. Katso *jooga.*

maya. Luomakunnan rakenteen sisäinen harhavoima, joka saa Ykseyden näyttäytymään moninaisuutena. *Maya* on suhteellisuuden, käänteisyyden, vastakohtien, dualismin ja vastakkaisten tilojen periaate; se on Vanhan testamentin profeettojen "Saatana" (kirjaimelliselta merkitykseltään heprean kielessä 'vastustaja') ja Uudessa testamentissa mainittu "perkele", jota Jeesus kuvaa värikkäästi "murhaajaksi" ja "valhettelijaksi", "koska hänessä ei totuutta ole" (Joh. 8:44).

Paramahansa Yogananda kirjoitti: "Sanskritin sana *maya* merkitsee 'mittaaja'. Se on luomakunnan taikavoima, jonka takia Mittaamattomassa ja Jakamattomassa ilmenee näennäisesti rajoja ja erillisyyttä. *Maya* on itse luonto, ilmiömaailmat, jotka ovat alati vaihtuvia vastakohtana jumalalliselle muuttumattomuudelle.

"Jumalan suunnitelmassa ja leikissä (*lila*) Saatanan eli *mayan* yksinomainen tehtävä on yrittää suistaa ihminen Hengestä aineeseen, Todellisuudesta epätodellisuuteen. 'Perkele on tehnyt syntiä alusta asti. Sitä varten Jumalan Poika ilmestyi, että hän tekisi tyhjäksi perkeleen teot.' (1. Joh. 3:8.) Tämä tarkoittaa, että Kristus-tietoisuuden ilmeneminen ihmisen omassa olemuksessa tuhoaa vaivattomasti harhat eli 'perkeleen teot'.

"*Maya* on luonnon katoavaisuuden huntu, luomakunnan loputon muuttuvuus, huntu, joka kunkin ihmisen on nostettava nähdäkseen sen takana olevan Luojan, pysyvän, muuttumattoman, ikuisen Todellisuuden."

meditaatio. Tarkoittaa yleisesti sisäistettyä keskittymistä, jonka tavoitteena on Jumalan kokeminen. Tosi meditaatio, *dhyana*, on tietoista Jumalan kokemista intuitiivisen oivaltamisen avulla. Se tavoitetaan vasta kun kilvoittelija on saavuttanut kiinteän keskittyneisyyden, jonka turvin hän irrottaa huomionsa aisteista ja on kokonaan vailla ulkomaailmasta tulevien aistivaikutelmien häiriötä. *Dhyana* on Patanjalin kahdeksanosaisen joogapolun seitsemäs askelma, kun taas kahdeksas askelma on *samadhi*, yhteys, ykseys Jumalan kanssa. Katso *Patanjali.*

mestari. Se, joka on saavuttanut itsehallinnan. Myös kunnioittava puhuttelusana jonkun gurulle (*q. v.*).

Paramahansa Yogananda on tähdentänyt, että "mestarin tunnusomaiset ominaisuudet eivät ole fyysisiä vaan hengellisiä. – – Todisteen siitä, että joku on mestari, tarjoaa vain kyky astua halutessaan hengittämättömyyden tilaan (*savikalpa samadhiin*) ja muuttumattoman autuuden (*nirvikalpa samadhin*) saavuttaminen". Katso *samadhi*. Paramahansaji jatkaa toteamalla: "Kaikki kirjoitukset julistavat, että Herra loi ihmisen kaikkivoivaksi kuvakseen. Universumin hallinta näyttää yliluonnolliselta, mutta sellainen voima on tosiasiassa myötäsyntyinen ja luonnollinen jokaisessa, joka löytää uudestaan oikean jumalallisen syntyperänsä. Jumaloivalluksen saavuttaneet ihmiset – – ovat vailla egon voimaa (*ahamkara*) ja sen aiheuttamia henkilökohtaisia haluja. Todellisen mestarin teot sopivat vaivattomasti yhteen *ritan*, luonnollisen oikeudenmukaisuuden, kanssa. Emersonin sanoin 'kaikki suuret tulevat – "ei hyveellisiksi vaan Hyveeksi; ja silloin luomisen tarkoitus on toteutunut ja Jumala on hyvin tyytyväinen." '"

opetuslapsi, oppilas. Hengellinen kilvoittelija, joka tulee gurun luokse etsimään tietä Jumalaan ja sitä myöten luo ikuisen hengellisen suhteen guruun. Self-Realization Fellowship -järjestössä guru–oppilas-suhteen perustaa *diksha*, vihkimys, *kriya*-joogaan.

pahuus. Saatanallinen voima, joka sumentaa Jumalan kaikkiallisuutta luomakunnassa ja ilmenee epäsopusointuina ihmisessä ja luonnossa. Myös merkitykseltään laajana terminä määrittäen kaikkea, mikä on päinvastaista jumalalliselle laille (katso *dharma*) ja saa ihmisen menettämään tietoisuutensa perustavasta ykseydestään Jumalan kanssa ja estää jumaloivalluksen saavuttamista.

paramahansa. Hengellinen arvonimi, joka merkitsee mestaria (*q. v.*). Sen voi suoda vain todellinen guru edistyneelle oppilaalle. Paramahansa merkitsee kirjaimellisesti 'ylin joutsen'. *Hansa* eli joutsen symboloi hindulaisissa kirjoituksissa hengellistä arvostelukykyä. Swami Sri Yukteswar antoi nimityksen rakastetulle oppilaalleen Yoganandalle vuonna 1935.

Patanjali. Maineikas joogan selittäjä, muinaisten aikojen viisas, jonka *Joogasutrat* jäsentävät joogapolun periaatteet, jakaen sen kahdeksaan askelmaan: (1) moraaliset kiellot (*yama*), (2) oikeat toimintatavat (*niyama*), (3) meditointiasento (*asana*), (4) elämänvoiman hallinta (*pranayama*), (5) mielen sisäistäminen (*pratyahara*), (6) keskittyminen (*dharana*), (7) meditaatio (*dhyana*), (8) ykseys Jumalan kanssa (*samadhi*).

prana. Atomienergiaa hienompia älyn ja elämän kipinöitä; kokonaisuudeksi käsitettynä niihin viitataan hindulaisissa kirjoituksissa termillä *prana*. Paramahansa Yogananda otti käyttöön sanan "lifetron", "elontroni". Pohjimmiltaan ne ovat Jumalan tiivistyneitä ajatuksia; ne ovat astraalimaailman (*q. v.*) substanssia ja fyysisen kosmoksen elämän perusta. Fyysisessä maailmassa on kahdenlaista *pranaa*: (1) kosmista värähtelevää energiaa, joka on läsnä kaikkialla universumissa rakentaen ja ylläpitäen kaikkea; (2) erityistä *pranaa* eli energiaa, joka täyttää ihmiskehon ja ylläpitää sitä viidellä virtauksella eli toiminnolla. *Pranan* virtaus toteuttaa kiteyttämisen tehtävää; *vyanan* virtaus verenkiertoa, *samanan* virtaus yhteyttämistä; *udanan* virtaus aineenvaihduntaa ja *apanan* virtaus poistamista.

pranayama. *Pranan* tietoinen hallinta (*prana* on luovaa värähtelyä tai energiaa, joka aktivoi ja ylläpitää elämää kehossa). *Pranayaman* joogatiede on suora menetelmä mielen irrottamiseksi tietoisesti elintoiminnoista ja aistihavainnoista, jotka sitovat ihmisen kehotietoisuuteen. Täten *pranayama* vapauttaa ihmisen tietoisuuden Jumalayhteyteen. Kaikki tieteelliset menetelmät, jotka synnyttävät sielun ja Hengen yhteyttä, on luokiteltavissa joogaksi, ja *pranayama* on korkein joogamenetelmä tämän jumalallisen yhteyden saavuttamiseksi.

Pyhä Henki. Pyhä Kosminen Älykäs Värähtely, jonka Jumala on heijastanut itsestään rakentamaan ja ylläpitämään luomakuntaa Hengen omasta värähtelevästä olemuksesta käsin. Se on täten Jumalan pyhä läsnäolo, Hänen Sanansa, joka on aina läsnä universumissa ja jokaisessa oliossa. Se on Jumalan täydellisen universaalin heijastuman, Kristus-tietoisuuden (*q. v.*) välikappale. Se on Puolustaja, kosminen Luontoäiti, *Prakriti*. Katso *Jumalallinen Äiti, Aum* ja *Kolminaisuus*.

"Pyhä Henki" on käännöstä kreikan ja heprean sanoista. Heprean *ruakhia* ja kreikan *pneumaa* on käytetty merkitsemään käsitteitä henki, hengitys ja tuuli – yleisesti ihmisen ja kosmoksen elämänperiaatteita. (Samoin on latinassa, jossa *inspiration* merkitsee sekä sisäänhengitystä että jumalallista eli luovaa henkeä, ja sanskritissa, jossa *prana* merkitsee hengitystä yhtä hyvin kuin kehoa ylläpitävää hienoa astraalista elämänenergiaa sekä universaalia Kosmista Värähtelevää Energiaa, joka on jokaisen luomakunnan hiukkasen taustalla ylläpitäen niitä.)

raja-jooga. "Kuninkaallinen" eli korkein polku jumalyhteyteen. Se opettaa tieteellistä meditaatiota (*q. v.*) ylimpänä keinona Jumalan oivaltamiseen ja sisältää olennaisimmat piirteet kaikista muista joogan muodoista. Self-Realization Fellowshipin *raja*-joogan opetukset hahmottavat elämäntavan, joka johtaa kehon, mielen ja sielun ihanteelliseen kehittymiseen ja joka rakentuu *kriya*-joogameditaation (*q. v.*) pohjalle. Katso *jooga*.

rishit. Näkijöitä, yleviä olentoja, jotka ilmentävät jumalallista viisautta; erityisesti muinaisen Intian valaistuneita viisaita, joille *vedat* ilmoitettiin intuitiivisesti.

Saatana. Heprean kielessä kirjaimellisesti 'vastustaja'. Saatana on tietoinen ja itsenäinen universaali voima, joka pitää kaiken ja kaikki harhan vallassa, epähengellisessä tietoisuudessa, äärellisyydessä ja erossa Jumalasta. Saatana käyttää tähän päästäkseen apuna *mayaa* (kosmista harhaa) ja *avidyaa* (yksilöllistä harhaa, tietämättömyyttä). Katso *maya*.

sadhana. Hengellisen opetuslapseuden polku. Gurun oppilailleen määräämät erityisohjeet ja meditaatioharjoitukset. Niitä uskollisesti noudattaen he lopulta oivaltavat Jumalan.

samadhi. Joogan kahdeksanosaisen polun korkein askelma, siten kuin viisas Patanjali (*q. v.*) tuon polun jäsenteli. *Samadhi* koetaan, kun meditoijasta, meditaatioprosessista (jossa mieli on vedetty aisteista keskittymisen avulla) ja meditaation kohteesta (Jumalasta) tulee yhtä. Paramahansa Yogananda on selittänyt, että "jumalyhteyden alkuvaiheen tiloissa (*savikalpa samadhissa*) kilvoittelijan tietoisuus sulautuu Kosmiseen Henkeen. Hänen elämänvoimansa on vetäytynyt pois kehosta, joka vaikuttaa 'kuolleelta' eli liikkumattomalta ja jäykältä. Joogi on täysin tietoinen, että hänen elintoimintonsa ovat pysähtyneet. Kun hän on edennyt korkeampiin hengellisiin tiloihin (*nirvikalpa* *samadhiin*), hän on yhteydessä Jumalaan ilman kehon jäykistymistä ja tavallisen valvetietoisuutensa aikana, jopa keskellä vaativia maallisia velvollisuuksia." Molempia tiloja luonnehtii ykseys Hengen alati uuden autuuden kanssa, mutta *nirvikalpa*-tilan kokevat vain korkeimmalle edenneet mestarit.

sanatana dharma. Kirjaimellisesti 'ikuinen uskonto'. Tämä nimi annettiin vedalaisten opetusten kokonaisuudelle, jota ruvettiin kutsumaan hindulaisuudeksi sen jälkeen kun kreikkalaiset nimesivät Indusvirran reunustojen kansan *indoiksi* eli *hinduiksi*. Katso *dharma*.

Self-Realization Fellowship. Paramahansa Yoganandan vuonna 1920 Yhdysvaltoihin (ja vuonna 1917 Yogoda Satsanga Societyna Intiaan) perustama kansainvälinen, uskontokuntien rajat ylittävä uskonnollinen järjestö, joka levittää maailmanlaajuisesti *kriya*-joogan hengellisiä periaatteita ja meditointitekniikoita sekä edistää kaikkien uskontojen perustana olevan Totuuden ymmärtämistä kaikkiin rotuihin, kulttuureihin ja uskonsuuntiin kuuluvien ihmisten parissa. (Katso "Self-Realization Fellowshipin päämäärät ja ihanteet", s. 133.)

Paramahansa Yogananda on selittänyt, että Self-Realization Fellowshipin nimi merkitsee "yhteyttä Jumalan kanssa Itse-oivalluksen avulla sekä ystävyyttä kaikkien totuutta etsivien sielujen kanssa".

Järjestö julkaisee Los Angelesissa sijaitsevasta kansainvälisestä päämajastaan käsin Paramahansa Yoganandan kirjoituksia, luentoja ja vapaamuotoisia puheita; julkaisuihin kuuluu myös hänen laaja kirjesarjansa *Self-Realization Fellowshipin opetuskirjeet* kotiopiskelua varten sekä aikakauslehti *Self-Realization*, jonka hän perusti vuonna 1925. Järjestö tuottaa audio- ja videotallenteita Paramahansa Yoganandan opetuksista, johtaa temppeleitä, retriittejä, meditaatiokeskuksia, nuoriso-ohjelmia sekä Self-Realization-sääntökunnan luostariyhteisöjä. Se järjestää luento- ja opintosarjoja kaupungeissa kautta maailman ja koordinoi maailmanlaajuista ryhmien ja yksilöiden rukousverkostoa Worldwide Prayer Circleä, joka omistautuu rukoilemaan fyysisen, henkisen tai hengellisen avun tarpeessa olevien puolesta sekä maailmanlaajuisen rauhan ja sopusoinnun puolesta.

Self-Realization Fellowshipin gurut. Self-Realization Fellowshipin (Yogoda Satsanga Society of Indian) gurut ovat Jeesus Kristus, Bhagavan Krishna sekä nykyajan ylevien opettajien linja: Mahavatar Babaji, Lahiri Mahasaya, Swami Sri Yukteswar ja Paramahansa Yogananda. Self-Realization Fellowshipin sanoman olennaisena osana on näyttää Jeesuksen Kristuksen opetusten ja Bhagavan Krishnan joogaohjeiden keskinäinen sopusointu ja perustavanlaatuinen ykseys. Kaikki nämä gurut myötävaikuttavat yleismaailmallisilla opetuksillaan ja jumalallisella avullaan Self-Realization Fellowshipin mission täyttämiseen, jumaloivalluksen käytännöllisen hengellisen tieteen tuomiseen ihmiskunnalle.

Gurun hengellisen manttelin siirtämistä oppilaalle, jonka on määrä jatkaa gurun edustamaa linjaa, kutsutaan *guru paramparaksi*. Niinpä Paramahansa Yoganandan suora gurulinja on: Mahavatar Babaji, Lahiri Mahasaya ja Swami Sri Yukteswar.

Paramahansaji totesi ennen poismenoaan, että hän olisi Jumalan tahdon mukaisesti viimeinen Self-Realization Fellowshipin gurulinjassa. Kukaan yhteisön oppilas tai johtaja ei tule hänen jälkeensä koskaan ottamaan itselleen gurun nimitystä. "Kun minä olen mennyt", hän sanoi, "guruna tulevat olemaan opetukset. – – Te tulette opetusten välityksellä virittymään yhteen minun kanssani ja niiden suurten gurujen kanssa, jotka minut lähettivät."

Kysyttäessä Self-Realization Fellowship/Yogoda Satsanga Society of Indian johtajuuden siirtymisestä Paramahansaji totesi: "Tämän järjestön johdossa tulee aina olemaan oivalluksen miehiä ja naisia. Jumala ja Gurut tuntevat jo heidät. He palvelevat hengellisinä perillisinäni ja edustajinani kaikissa hengellisissä ja järjestöllisissä asioissa."

Self-Realization Fellowshipin opetuskirjeet. Kaikkien vilpittömien totuudenetsijöiden saatavilla olevia Paramahansa Yoganandan opetuksia, joita lähetetään opiskelijoille kaikkialle maailmaan kirjesarjoina. Niissä esitetään myös Paramahansa Yoganandan opettamia joogatekniikoita, mukaan lukien ehdot täyttäville tarkoitettu *kriya*-jooga (*q. v.*).

sielu. Yksilöllistynyt Henki. Sielu on ihmisen ja kaikkien elävien elämänmuotojen todellinen ja kuolematon luonto. Se on vain tilapäisesti verhottu kausaalisten, astraalisten ja fyysisten kehojen viittoihin. Sielun luonne on Henki: aina oleva, aina tietoinen, aina uusi ilo.

Sri Yukteswar, Swami. Swami Sri Yukteswar Giri (1855–1936), Intian *jnanavatar*, 'viisauden inkarnoituma'. Hän on Paramahansa Yoganandan guru ja Self Realization Fellowshipin *kriyaban*-jäsenten *paramguru*. Sri Yukteswarji oli Lahiri Mahasayan oppilas. Hän kirjoitti Lahiri Mahasayan gurun, Mahavatar Babajin, kehotuksesta teoksen *The Holy Science* (*Pyhä tiede*), tutkielman kristillisten ja hindulaisten kirjoitusten perimmäisestä yhtäläisyydestä, sekä koulutti Paramahansa Yoganandan tämän maailmanlaajuista hengellistä missiota varten, joka oli *kriya*-joogan (*q. v.*) levittäminen. Paramahansa on kuvannut rakastavasti Sri Yukteswarjin elämää teoksessa *Joogin omaelämäkerta*.

Sri. Kunnioittava nimitys. Uskonnollisen henkilön nimen edessä käytettynä se merkitsee 'pyhä' tai 'arvossapidetty'.

tietoisuus, tietoisuuden tilat. Ihmisen tavallisella tietoisuudella on kolme eri tilaa: valveilla olon ja unitilan sekä unennäön tilat. Mutta tavallinen ihminen ei koe sieluaan, ylitietoisuutta, eikä Jumalaa. Kristus-ihminen sen sijaan kokee nämä. Tavallinen ihminen on tietoinen kehostaan, ja Kristus-ihminen on tietoinen koko universumista, jonka hän kokee kehonaan. Kristus-tietoisuuden tuolla puolen on kosminen tietoisuus. Se on yhteyttä Jumalan absoluuttiseen tietoisuuteen, joka on värähtelevän luomakunnan tuolla puolen, sekä Herran kaikkialliseen läsnäoloon ilmiömaailmoissa.

vedat. Neljä hindulaisten kirjoitusten tekstiä: *Rigveda, Samaveda, Yajurveda* ja *Atharvaveda*. Ne ovat olemukseltaan hymniä, rituaalia ja resitatiivia ihmisen elämän ja toiminnan kaikkien puolten elävöittämiseksi ja hengellistämiseksi. Intian suunnattoman monien tekstien joukossa *vedat* (sanskritin kantasana *vid*, 'tietää') ovat ainoita kirjoituksia, joita ei lueta kenenkään tekijän nimiin. *Rigveda* ilmoittaa hymneille taivaallisen alkuperän ja selittää, että ne juontuvat "muinaisista ajoista" uuteen kieliasuun puettuina. Ajasta aikaan jumalallisesti *risheille* eli 'näkijöille' ilmoitettujen neljän *vedan* on sanottu omaavan *nityatvaa*, 'ajatonta lopullisuutta'.

ydinjatke eli medulla oblongata. Tämä aivojen pohjalla (selkäytimen yläosassa) sijaitseva elin on elämänvoiman (*pranan*) pääasiallinen saapumistie kehoon. Se on kuudennen aivot-selkäydin-akselilla sijaitsevan keskuksen tyyssija. Tämän keskuksen tehtävänä on vastaanottaa ja ohjata kosmisen energian sisään tulevaa virtaa. Elämänvoima varastoituu seitsemänteen keskukseen (*sahasraraan*), joka sijaitsee aivojen ylimmässä osassa. Tästä varastosta se siirtyy koko kehoon. Ydinjatkeen hienojakoinen keskus on pääkytkin, joka ohjaa elämänvoiman tuloa, varastoitumista ja jakelua.

ylitietoinen mieli. Sielun kaikkitietävä voima, joka oivaltaa totuuden suoraan; intuitio.

ylitietoisuus. Sielun puhdas, intuitiivinen, kaikkinäkevä, iäti autuas tietoisuus. Käytetään toisinaan viittaamaan yleisesti *samadhin* (*q. v.*) kaikkiin eri tiloihin, jotka koetaan meditaatiossa, mutta erityisesti *samadhin* ensimmäiseen tilaan, jossa ihmiseltä häviää egotietoisuus ja hän oivaltaa itsensä Jumalan kuvaksi luotuna sieluna. Siitä seuraavat oivalluksen korkeammat tilat: Kristus-tietoisuus ja kosminen tietoisuus (*q. v.*).

Yogoda Satsanga Society of India. Paramahansa Yoganandan järjestö tunnetaan tällä nimellä Intiassa. Paramahansa Yogananda perusti sen vuonna 1917. Sen päämaja, Yogoda Math, sijaitsee Gangesin äärellä Dakshineswarissa, Kalkutan lähellä. Yogoda Satsanga Societyllä on haara*math* Ranchissa Jharkhandissa (ent. Biharissa) sekä monia alakeskuksia. Yogodan meditaatiokeskuksia on kautta Intian, mutta niiden lisäksi on kaksikymmentäkaksi koulutuslaitosta, alkeistasolta yliopistotasolle asti. Paramahansa Yoganandan muodostama sana *Yogoda* johtuu sanoista *yoga*, yhteys, sopusointu, tasapainotila, ja *da*, levittää. "Satsanga" koostuu sanoista *sat*, totuus, ja *sanga*, yhteisö. Sri Yogananda käänsi länsimaita varten intialaisen nimen "Self-Realization Fellowshipiksi".

www.ingramcontent.com/pod-product-compliance
Lightning Source LLC
Chambersburg PA
CBHW061653040426
42446CB00010B/1718